CARL FRIEDRICH VON SIEMENS STIFTUNG · THEMEN BD. 83

Jean Bollack
Paul Celan unter judaisierten Deutschen

Herausgegeben von Heinrich Meier

JEAN BOLLACK

Paul Celan unter judaisierten Deutschen

Carl Friedrich von Siemens Stiftung
München

Zum Umschlag

Vorderseite: Lee Waisler: Paul Celan (2002). Acryl und Holz auf Leinwand. Format 150 x 90 cm. © *Lee Waisler*

Rückseite: Radierung von Gisèle Celan-Lestrange zu Paul Celans Gedichtzyklus »Atemkristall« (1965). *Suhrkamp Verlag*

Erweiterte Fassung einer Werner Heisenberg Vorlesung, gehalten in der Carl Friedrich von Siemens Stiftung am 19. November 2003. Der Abend wurde geleitet von Professor Dr. Rainer Warning.

Inhalt

Rainer Warning
Einführung in den Abend 7

Jean Bollack
Paul Celan unter judaisierten Deutschen 13

Über den Autor..................................... 61

»Themen«
Eine Publikationsreihe
der Carl Friedrich von Siemens Stiftung 65

RAINER WARNING

Meine sehr verehrten Damen und Herren,

ich habe die Ehre und die Freude, Sie willkommen zu heißen zu einem gemeinsamen Abend der Bayerischen Akademie der Wissenschaften und der Carl Friedrich von Siemens Stiftung. Es handelt sich um die inzwischen 74. Werner Heisenberg Vorlesung, und dazu ist aus Paris zu uns gekommen Herr Professor Jean Bollack, den ich hiermit auf das herzlichste begrüße. Daß wir den Abend mit einem außergewöhnlichen Gast begehen, zeigt sich schon daran, daß sich Herr Bollack der Hochachtung in zwei Kennerkreisen erfreut, die zunächst weit voneinander entfernt sind: Es ist dies einmal die Klassische Philologie, und es ist sodann die Neuphilologie, die ihn als einen der prominentesten Celan-Forscher schätzt.

Aber lassen Sie mich zunächst einige biographische Daten Jean Bollacks nennen. Geboren wurde er 1923 in Straßburg. Er entstammt einer elsässisch-jüdischen Familie und wächst zweisprachig auf. Die dreißiger Jahre, also auch die Gymnasialzeit, verbringt er in Basel. Nach dem Krieg studiert er in Paris Klassische Philologie, und hier in Paris gehört er wie Peter Szondi, Gershom Scholem, Pierre Bourdieu und andere zum engeren Bekannten- und Freundeskreis von Paul Celan, der 1947 von Bukarest nach Wien geflohen und 1948 nach Paris gekommen war, um dort Germanistik und Sprachwissenschaft zu studieren und sein poetisches Werk fortzuführen. An der Universität Lille gründet Bollack ein Forschungszentrum für Philologie und Hermeneutik, an der Maison des Sciences de l'Homme ein Zentrum für Geschichte der Interpretation. Damit haben wir die drei Interessen- und Arbeitsschwerpunkte Bollacks: Klassische Philologie, Hermeneutik als die theoretische Basis des interpretierenden Umgangs mit Texten und das Werk Paul Celans. Was er in diesen drei Gebieten publiziert hat, ist immens, ich muß mich auf das Wichtigste beschränken. Zunächst, zur Antike, Monographien über Heraklit und Epikur, eine dreibändige Ausgabe des *Agamemnon* von Aischylos, eine vierbändige Ausgabe, immer natürlich mit Kommentar und weit ausgreifender Interpretationsgeschichte, des Sophokleischen *König Ödipus*, eine dreibändige Empedokles-Monographie und daneben zahlreiche Abhandlungen und Übersetzungen. Zur Hermeneutik die grundlegende Abhandlung *Sens contre sens – Comment lit-on?*, ins Deutsche übersetzt unter dem Titel *Sinn wider Sinn – Wie liest man?*, Göttingen 2003. Dann ein eigens Bollack gewidmeter Band der Zeitschrift *Critique: L'Art de lire de Jean Bollack – Jean Bollacks Kunst des Lesens.*

Nun, wie liest Jean Bollack, wie interpretiert er, von welchen hermeneutischen Prämissen läßt er sich leiten? Das wird wohl nirgends so deutlich wie in seinen zahlreichen Celan-Interpretationen. Sie beginnen mit dem Vorwort zu Peter Szondis *Celan-Studien* aus dem Jahre 1972 und finden ihren vorläufigen Höhepunkt in der umfassenden Darstellung *L'Ecrit. Une poétique dans la poésie de Celan*, Paris 1999, in deutscher Übersetzung erschienen unter dem Titel *Paul Celan, Poetik der Fremdheit*, Wien 2000. Bollack nimmt die Frage Szondis auf, eine Grundfrage an moderne, sogenannte hermetische Lyrik: Wie kann ich als Leser der Autonomie des Textes, der autonomen Textrealität gerecht werden und zugleich den präzisen Bezügen zu jenen historischen Realien, auf die er sich bezieht? Bollack rückt also zusammen, ja er zwingt geradezu programmatisch zusammen, was andere, ebenso programmatisch, glauben auseinanderhalten zu müssen: den vermeintlich in und aus sich heraus verstehbaren oder auch nicht mehr verstehbaren Text einerseits und das Biographische andererseits. Das war schon Szondis Anliegen: Wie ist etwa in dem Gedicht »Engführung« aus *Sprachgitter* oder wie ist in den Versen »Du liegst im großen Gelausche, / umbuscht umflockt« aus *Schneepart* beides gleichermaßen präsent, die autonome Textrealität und die Realität der Vernichtungslager bzw. die Ermordung Rosa Luxemburgs? Bollacks Aufnahme dieser Frage und seine Antworten werden Gegenstand seines Vortrags sein. Aber vielleicht kann ich versuchen, drei Punkte vorweg anzusprechen, die als Folie, als Koordinaten auf diesen Vortrag hin dienlich sein mögen.

Zum ersten: Die Fragestellung selbst kommt bereits der Absage an einen verbreiteten Umgang mit hermetischer Lyrik gleich. Ihre sogenannte Hermetik kann und muß verstanden werden, so Bollack, einmal in der Immanenz ihrer komplexen sprachlichen Bezüge und zum anderen in der Restitution, die die historischen Realien im sprachlichen Medium erfahren. Gerade das historisch Konkrete, das Partikulare bis hin zum Privaten und Privatesten wird, so Bollack, nicht irgendeinem Allgemeinen geopfert, sondern es wird sprachlich bearbeitet und in dieser Bearbeitung bewahrt. Bewahrt als Andenken oder auch als Replik, jedenfalls so, daß von der Überführung in ein Allgemeines nicht die Rede sein kann, weder in das Allgemeine einer Seinsgeschichte noch in das einer Traditionsgeschichte. Bezeichnet ist damit zugleich eine Distanz der Hermeneutik Jean Bollacks zu der Martin Heideggers und Hans-Georg Gadamers. Diese Distanz durchzieht geradezu wie eine basso ostinato die große Celan-Abhandlung, und ich denke, wir werden sie auch gleich zu hören oder zumindest zu spüren bekommen.

Zum zweiten: Was vielleicht nur die Lektüre von Bollacks Celan-Arbeiten vermitteln kann, ist die faszinierende Eindringlichkeit seines Umgangs mit den Gedichten und mit all dem, was über sie schon geschrieben wurde. Vieles, um nicht zu sagen das meiste dieser Sekundärliteratur kann vor Bollacks strengem Blick nicht bestehen. Wenn man trotzdem den Eindruck hat, daß er fast alles kennt, so ist dieser Eindruck nicht trügerisch. Denn auch auf den Irrwegen anderer oder sagen wir auf dem, was er für die Irrwege anderer hält, sucht und findet er Details, scheinbar unwesentliche oder verkannte Details, Partikulares also, das ihm gerade als Partikulares – der Begriff durchzieht seine Studien fast wie ein Leitbegriff – für die Interpretation unverzichtbar ist.

Zum dritten: Im Blick auf diese Interpretation ergibt sich ihm so ein Dreischritt, die, wie er sagt, drei Takte von Erbeutung, Verneinung und Neuschöpfung. Die Erbeutung zielt auf das oft nur schwer identifizierbare, gleichwohl aber unverzichtbare autobiographische Substrat, eben auf das Partikulare, auf das Private, das heißt auf eine mit Mord und Vernichtung belastete Sprache. Im Gedicht begegnet uns diese Sprache nur noch selten, etwa im Fall bestimmter Eigennamen, in ihrer ursprünglichen Realreferenz. Zumeist sind diese Realreferenzen schon negiert durch Ausblendung des Kontexts, durch Zerstörung der vertrauten Lexemantik, des vertrauten Wortkörpers. Mit dieser Negation aber ist die habituelle Sprache schon auf ihrem Weg zu jener Neuschöpfung, in der sie uns im Gedicht begegnet. Sie wird, wie Bollack sagt, entkleidet, umgelenkt. Und was uns dann im Gedicht begegnet, das sind nicht eigentlich Neologismen, sondern eher Komposita, bei denen sich alter und neuer Bedeutungswert überlagern, das sind Neufügungen über die Exposition, die Fokussierung von bestimmten Lauten und Silben, die eine bestimmte Tonalität schaffen, das sind Lexeme, die über Konnotationen bedeutungsschwer werden, Gegenworte, wie er sagt, die sich erst über die variierende Reprise als solche erschließen, über die Wiederholung innerhalb eines Gedichts oder der Sammlung oder des Gesamtwerks: Der »Baum«, die »Hand«, »stehen«, »verbringen«, die »Spur« und anderes mehr. Was so entsteht, ist ein System neuer Zeichen, die aber, und das ist entscheidend, allemal transparent bleiben bzw. in der Interpretation transparent gemacht werden müssen auf ihre ursprüngliche furchtbare Referenz. Fast immer zeigen sie, so Bollack, worauf sie sich beziehen. So bleibt der Holocaust dem Gedenken, der Klage, der Anklage bewahrt, gerade in einer autonomen, selbstreflexiven Sprache. Bollack pointiert: »Die Transzendentalüberprüfung der verwendeten Sprache ist der einzige Inhalt des Gedichts«, das heißt der einzige Inhalt des Gedichts ist die Überprüfung, ob es in der Lage ist, die Bedingung der Möglichkeit der Restitution der ursprünglichen Referenz zu leisten.

Die verwendete Sprache – so habe ich Bollack eben zitiert. Derartige Formeln sind bei ihm wohl nicht zufällig, sondern mit Bedacht gewählt. Celan benutzt, er verwendet eine Sprache, so Bollack, an die sein Schicksal geknüpft ist, die er daher nicht ablehnen konnte, wiewohl er in ihr nicht eigentlich zu Hause war – also wiederum eine zumindest implizite Distanzierung gegenüber Heidegger und Gadamer. Zu Hause war Celan da eher noch in Paris, der Stadt eines Baudelaire, eines Rimbaud, eines Mallarmé, eines Apollinaire. Aber er wollte diese Tradition ebensowenig einfach aufnehmen und fortschreiben wie die der assimilierten deutschen Juden. Er wollte für die jüdische Tradition einen Platz schaffen in der deutschen Sprache, in der Sprache Rilkes und Hofmannsthals, eine Aporie, und ich denke, auf diese Aporie zielt auch das Ende der Bemerkungen, mit denen Jean Bollack seinen heutigen Vortrag angekündigt hat: »Celan war kein deutscher Dichter. Er wollte etwas anderes sein. Er war auch kein jüdischer, so wie man es gemeinhin versteht«. Verehrter Herr Bollack, wir sind gespannt darauf, was er dann war.

JEAN BOLLACK

Paul Celan unter judaisierten Deutschen

Die Geschichtlichkeit als Ursprung

War Celan ein assimilierter Jude? Er war als erstes ein deutscher Dichter. Er war kein religiöser Jude. So läßt sich die Frage nur beantworten, wenn man zwischen den Assimilationsformen unterscheidet. Neben einer national oder religiös oder auch kulturell bestimmten Zugehörigkeit öffnete sich ein anderer Weg, auf dem auch die Marginalität und die Differenz nicht das dominierende Element waren. Er führte in eine Modernität, die sich von traditionell aufgezwungenen Wertvorstellungen zu befreien suchte. So konnte sich Celan als Jude verstehen, aus freier Wahl, aufgrund seiner Herkunft, schon lange vor den Verfolgungskampagnen und den Vernichtungslagern und nicht erst aufgrund der Solidarität mit den Verfolgten und Toten. Er ist nicht durch das Ereignis zum Juden geworden oder gar zu einem Glauben zurückgekehrt. Wenn man irgendwie theologisch gefärbte und vorbestimmte Erklärungsmuster beiseite läßt, muß der Sinn der Vernichtung die Existenzform selbst und mit ihr die Beziehung zu einer Vorstellungswelt betreffen, von der dann auch das Zustandekommen der physischen Zerstörung nicht zu trennen wäre.

Celan hat sich selbst als »unverstanden«, auch als »ungelesen« bezeichnet. Er schrieb schon früh »in eigener Sache«, wie er immer wieder betont,[1] schon während der Zeit des Kriegs und der Deportationen. Dabei war bald nach der Veröffentlichung der ersten Gedichtsammlungen das außergewöhnliche Talent erkannt worden. Die lyrische und, vielleicht die Dichtung als solche noch überbietend, die sprachliche Potenz beeindruckte. Sie hatte für eine breitere Leserschaft eine überwältigende Evidenz.

Die Produktion von Schriften zu Celans Werk weitet sich heute ins Unermeßliche aus, doch das Nichtverstehen bleibt, weil das Problem der vermeintlichen Unverständlichkeit nicht diskutiert wird. Das Prinzip der semantischen Neubesetzung des Wortmaterials ist nicht ergründet worden; allgemeiner noch fehlen die gültigen hermeneutischen Kriterien. Der Umstand gehört zu den schwarzen Punkten der Literaturwissenschaft. Deswegen wurde auch die Bedeutung der geschichtlichen Wirklichkeit in dieser Literatur nicht wahrgenommen; sie konnte innerhalb des breiten inhaltlichen Referenzsystems nicht zur vorherrschenden Instanz erhoben werden. Die sprachliche und die historische Dimension bestimmen sich gegenseitig. Die naive unvermittelte Lektüre der Gedichte ignorierte die zahllosen gegenläufigen Indizien. Man ging über sie hinweg. Gerade dadurch, daß die Dichtung als solche anerkannt wurde, ist sie von Anfang an in einen den Lesern

---

1 Siehe die Materialien in: Paul Celan: *Der Meridian. Endfassung, Vorstufen, Materialien*. Hg. von Bernhard Böschenstein und Heino Schmull. Frankfurt 1999 (Tübinger Celan-Ausgabe, im folgenden zitiert als TCA); z. B. Nr. 471, S. 138: »Kein Dichter spricht jemals in anderer als in eigener Sache...«, mit der Erläuterung, damit werde »das [...] Gesagte dem Denken eines jeden unterbreitet«. Ein jeder darf sich prinzipiell als Individuum verstehen.

schon vertrauten Horizont gestellt worden, wo sie ihrer Divergenz und des radikalen Freiheitsanspruchs verlustig ging, auch dort, wo die Hinweise auf die Gewalt und die Erfahrungen des Untergangs und der Vernichtung formal beachtet wurden. Man könnte von einer Art Rücksichtnahme sprechen. Die obligaten Formulierungen ließen die den Texten innewohnende Problematik nicht zutagetreten. Sie wurde recht eigentlich verdeckt. Bedeutungsschichten legen sich künstlich übereinander und versperren den Zugang.

Die gegenwärtige Situation nach drei Jahrzehnten der postumen Rezeption ist durch ein fast unbeschränktes Zur-Verfügung-Stellen des philologischen Materials gekennzeichnet. Die Lebensumstände und die Phasen der Ausarbeitung des Werks sind weitgehend schon zugänglich gemacht worden. Neben den Briefen und den Varianten der Gedichte in den kritischen Ausgaben sind es Zeugnisse aller Art, Aufzeichnungen, Anstreichungen in den Büchern: all das, wovon Gadamer noch glaubte, es hätte für das Verständnis nicht viel beizutragen. Ein persönlicher, intellektueller Hintergrund kann jetzt mit den ausgearbeiteten Texten in Verbindung gebracht werden. In Wirklichkeit hat sich jedoch durch die großzügig angebotene öffentliche Ausbreitung der privaten Dokumentation an der ursprünglichen hermeneutischen Situation nichts verändert. Das Material spricht von sich aus nicht; die Transposition bleibt an den Kontext gebunden. So setzt eine angemessene Benutzung einen wirklichen Interpretationsansatz voraus, soll die Dokumentation richtig beurteilt werden. Die Schwierigkeit des Verständnisses bleibt bestehen. Man gelangt von der Kenntnis des Zufälligen, Vorläufigen und Vorbereitenden, von der Notiz und den festgehaltenen

Begegnungen noch zu keiner Lektüre der verschlüsselten Texte. Die Dechiffrierungsarbeit hat es einerseits mit der richtigen Beurteilung dieses in sich schon nicht minder verrätselten, partikularen und konkreten Anlasses zu tun; andererseits erhellen sich die äußeren Fakten zuerst in ihrer Umsetzung; die semantische Beziehung stellt sich im sprachinternen Raum des idiomatischen Systems her. Die Voraussetzungen des Verständnisses sind in dieser Sicht gleich zweimal singulär.

Die Sprache Celans ist in ihrem poetischen Aufbau von etwas geprägt, das sich als jüdisch bezeichnen läßt. Ein Freiheitsmoment fällt stärker ins Gewicht als jede Abhängigkeit von einer bestimmten, vorgeprägten kulturellen oder religiösen Tradition, stärker sogar als die konstante Vergegenwärtigung der Vernichtungslager, die ihrerseits erst poetisch, in der internen Neuformung der sprachlichen Elemente, zu einer durchgängigen Präsenz gelangt. Die Dichtung hat sich an die Celan in seiner Zeit und in seiner kulturellen Umgebung tradierte Sprache der Lyrik angeschlossen; er hätte sie nicht verwenden können, wenn er sie nicht gleichzeitig auch aufgelöst hätte. Er hat sich früh in seinen Übungen und in der Wiederaufnahme der Rhythmen klargemacht, was die Sprache Rilkes und Georges oder eines andern Vorgängers für ihn als Außenstehenden mehr denn als Nachfolger bedeutete. So war er imstande, von außen in sie einzudringen und sie in ihrer Tiefendimension aufzubrechen. Keine festgelegte Form konnte anders bestehen bleiben. Die Umformung schafft die Voraussetzung für eine neue Sinngebung. Wenn es ein sprachinterner neuer Gebrauch von vorhandenem Material ist, der eine freie Gestaltung ermöglicht, so fällt das Jüdische in weitem Maß mit ihm, mit den Buchstaben als Grundbestandteil zusammen.

Das Primat der kritischen Differenz

Im Unterschied zur traditionellen hermeneutischen Auffassung ist bei diesem Autor das kreative Subjekt nicht allein von einer übergreifenden Wahrheit durchdrungen. Als Subjekt setzt es sich in Distanz. Die Existenz der Wahrheit selbst steht als solche auf dem Spiel, sie wird in den Gedichten zum Problem; man müßte sagen: zum eigentlichen Inhalt. Jedes Gedicht Celans setzt sich mit seinem Wahrheitsanspruch auseinander und setzt sich deswegen selbst in Szene. Das Werk stellt wohl einen Grenzfall dar. Einerseits erweitert sich der Horizont des Verfügbaren ständig; Celan ist ein unermüdlicher Leser, die Lektüre reicht von den Handbüchern und vom Spezialwissen bis zur Tageszeitung, neben Homer, Dante, Shakespeare und den andern. Jedes mögliche, oft nicht leicht aufzufindende Wissen wird aufgenommen; und mit dieser Erweiterung der Hinweise geht die Veränderung aller existierenden Sinnfixierungen einher, wie es ein konsequent durchgeführtes Sich-in-Distanz-Setzen zu bewirken vermag. Jeder von Celan je geschriebene Satz wird im Text schon vor ein Tribunal gezogen; er hat sich auszuweisen und zu rechtfertigen. Eine wiederaufgenommene Aussage bewahrt auch ihren anfänglichen Sinn: dieser war poetisch oder politisch bedingt (beides zugleich); er bleibt in dieser früheren Formulierung erkennbar; da er sich nicht aufrechterhalten läßt, hat man es anders zu sagen. Die Umsetzung wird zum Exerzitium, die Dichtung zur Applikation.

Ein semantisches System konstruiert sich in den Gedichten, es hat eine identifizierbare, übergreifende Struktur. Die Vernetzung vermag alles aufzufangen, was irgendwann und irgendwo sprachlich in Erscheinung trat, um es neu und anders zu verwenden. Deswegen kann auch die jetzt zur Verfügung gestellte Dokumentation von erheblichem Nutzen sein. Sie führt zwar keineswegs direkt zu einer Interpretation. Sie läßt aber gerade die vorausgegangenen Lektüren und damit den Grad und die Form der Umsetzung erkennen, wodurch die Kontur des in der Sprache als intellektueller Vorgang dargestellten Wahrheitsanspruchs im eigentlichen Sinne sichtbar wird. Die Visualisierung von Wörtern löst die einzelnen Elemente eines sich konstituierenden verbalen Konglomerats aus dem Kontext der konventionellen Vorstellungen. Diese Umformung verweist auf ihre essentielle Sekundarität. Es wird Bezug genommen, und deswegen kann der kritische, individuelle Standpunkt aufrechterhalten und niemals zugunsten allgemeiner bekannter Anschauungen aufgegeben werden. Auf diese wird hingewiesen.

Die Singularität, auch in der Beurteilung von Personen, geht soweit, daß in den Beziehungen zu befreundeten Schriftstellern die Zuneigung und die ihrerseits schon sehr genau ausgerichtete Verbundenheit am Ende sprunghaft umschlagen, wie man dies etwa im Falle von Celans Beziehung zu Nelly Sachs oder Margarete Susman beobachten kann.[2] Das Gespräch gelangt an den Punkt, wo Celan seinem Gegenüber zeigt, was es in seiner letztlich allein gülti-

---

2 Zu Nelly Sachs siehe die an sie gerichteten Gedichte im ersten Zyklus von *Die Niemandsrose* (Paul Celan: *Gesammelte Werke in sieben Bänden*. Bd. I, Frankfurt am Main 2000, S. 214–217; im folgenden zitiert als GW mit Angabe der Bandziffer und Seitenzahl) und meine Studie zum Briefwechsel *Histoire d'une lutte* (zuerst 1994), in: Jean Bollack: *Poésie contre poésie*. Paris 2001, S. 45–56, und die deutsche Übersetzung in *Neue Rundschau*, Jg. 105 (1997), S. 119–134. Zu Margarete Susman vgl. meinen Aufsatz *Juifs allemands. Celan, Scholem, Susman*, in: Jean-Christophe Attias und Pierre Gisel (Hg.): *De la Bible à la littérature*. Genf 2003, S. 187–219.

gen Sicht nicht ist. Das Verbindende konnte aufgrund der Erwartung in einer ersten Phase positiv eher überbewertet und das Gemeinsame herausgestrichen werden; die Trennung folgt darauf, gleichsam aus Notwendigkeit. Die Frau ist am Ende nicht das, was er selbst ist, sie ist nicht die Person, gerade weil sie die Konsequenzen aus ihrem eigenen angeblichen Rückzug und der Entfernung von den allgemein herrschenden Anschauungen nicht gezogen hat. Und das gilt auch für den bewunderten Martin Buber. Es scheint so, als könne sich eine klare, sich unablässig absondernde Radikalität erst unter den Bedingungen einer sich im Widerspruch einstellenden Einsicht ermöglichen. Jede noch so freundschaftliche Beziehung blieb demselben Anspruch verhaftet. Sie konnte schließlich für ihn nur einen Zweck haben, nämlich die Bekräftigung des sich distanzierenden Wahrheitswillens. Es geht dann nicht sosehr um ihn, sondern um die in ihm verkörperte Unbedingtheit. Die Figur des Widerspruchs hat ihre Spontaneität, sie hat ihre Methodik, sie ist kreativ und konstruktiv, sie wirkt sich gleichermaßen in den Grundstrukturen aus wie in der konkreten Situation. Sie beherrscht das schwarze wie das weiße Feld, die Kampfansage springt vom einen zum andern.

Ein jüdisches Deutsch

Wenn Celan anderen Juden wie den genannten Frauen ihr Deutschtum vorhält, gerade auch dort, wo etwa der von ihnen behandelte Stoff der jüdischen Tradition entnommen ist, so geht es um den Gegensatz von etwas Nichtjüdischem im Deutschen, um die Belastung der Sprache, um das Mythische in ihr, um die Hörigkeit und den Mangel an Kritikfähigkeit. Er stellt so dem Deutsch-Jüdischen als Gegensatz ein jüdisches Deutsch entgegen; ein Nichtdeutsches wäre so in seinen Augen das wirklich Deutsche, ein geschichtlicher Gang als Befreiung von seiner eigenen Befangenheit. Er versteht sich als Jude in diesem Sinn, als ein Hüter, nicht des Seins, sondern in seinen Worten: einer Geistigkeit[3]; man könnte auch sagen: einer Intellektualität. Es ist nicht unwichtig, in Celans Person zuerst den Intellektuellen und erst in zweiter Linie den Schriftsteller und, auch davon wieder abgesetzt, in dritter Linie erst den Dichter zu sehen. Er schreibt in einer Notiz von 1960 zur Büchnerpreisrede: »Man kann zum Juden werden, wie man zum Menschen werden kann; man kann *verjuden* und ich möchte, aus Erfahrung, hinzufügen: auf deutsch *heute* wohl am besten«[4] (heute: das ist die Aktualität); und weiter: »*Verjuden*: Es ist das Anderswerden«.[5]

Die Selbstreflexion in den Gedichten und die theoretischen Versuche, sich selbst einzuordnen, sind derselben kritischen Ausrichtung verpflichtet. Vielleicht sind die Perspektiven in den Aufzeichnungen am Ende sogar untereinander noch widersprüchlich. Die Reflexion bemeistert auch die ihr innewohnende dialektische Diskrepanz.

---

3   In der dem Briefwechsel zwischen Paul Celan und seiner Frau Gisèle beigefügten Chronologie steht ein bedeutsames Zitat aus einem Brief vom 2. August 1948, gleich nach der Ankunft in Paris, an einen Verwandten in Israel: »Vielleicht bin ich einer der Letzten, die das Schicksal jüdischer Geistigkeit in Europa zuendeleben müssen« (Paul Celan, Gisèle Celan-Lestrange: *Briefwechsel*. Aus dem Französischen von Eugen Helmlé. Frankfurt am Main 2001, Bd. II, S. 405) – ein Lebensprogramm und eine Voraussage. Die »Geistigkeit« mag gegen den vielfach beschworenen »Geist« stehen.

4   Siehe in den Materialien zum *Meridian*, TCA, Nr. 415, S. 130.

5   Ebd., Nr. 417, S. 130 f.; vgl. auch Nr. 418, S. 131: »Nicht indem es vom Ärgernis spricht, sondern indem es, unerschütterlich, es selbst bleibt, wird das Gedicht zum Ärgernis – wird es zum Juden in der Literatur – […]«.

In Korrelation zur Ungebundenheit der Ansätze und der jeweils partikularen, unwiederholbaren Überführung des Gedankens hat Celan in einer angestrengten und pathetischen Form seine Vorgehensweise analysiert und den Weg beschrieben, auf dem er immer neu ins Unbekannte vorzudringen versucht. Dabei stellt sich auch die Frage, wie es möglich wird, daß irgendein Sprachpartikel, der in eine Konstellation aufgenommen wird, diese einerseits mitfixiert und modifiziert und andererseits erst von ihr her einen bestimmbaren Sinn erlangt. Es entspricht einer tieferen Logik, wenn das Faktum als solches auch paradox erscheinen mag, daß ein sprachinternes, eigenständiges, d. h. in die Vielfalt der Sprachen eingelassenes Idiom um so unabhängiger wird, als es sich abschließt und auf eigenen, neu errungenen, auch außersprachlichen Erfahrungen beruht. Das Geschriebene wird zu etwas anderem, zu einer Auseinandersetzung, es stellt sich in ein Abseits und wird damit in Stand gesetzt, den Gebrauch des traditionellen poetischen Materials auf die Geschichte zu beziehen und als solche die Dichtung bis in die letzten Bestandteile dem Gesetz der Reflexivität zu unterwerfen. Umgestaltet ist sie nicht mehr symbolträchtig.

Nicht die Sprache spricht, sondern das Subjekt, das sie beherrscht. Nun weiß das Subjekt, daß es in der Sprache und aus ihr lebt, es weiß aber auch, daß seine Eigenständigkeit die spontanen, auch die unkontrollierten Impulse in reflektierte Bahnen zu lenken vermag. Die Sprache als solche ist etwas Vorgängiges; sie ist geworden; die vergangene Geschichte und die vererbten Anschauungen sind in ihr und stärker noch in den Formen und Gattungen deponiert, doch läßt sich der jeweils in einem Jetzt als dem für ihn einzig gültigen Moment schreibende Autor damit nicht abfinden. Dem war in gewisser Weise seit jeher so: je bedeutender die Erfindung, um so aktueller und zeitbedingter der gewählte Standpunkt. Neu war für Celan die Radikalität in der Reflexion über die eigene Historizität und die Isolierung einer Blickrichtung im Text als eines ihn erst konstituierenden Gesichtspunkts. Der Stolz statt der Scham über sein Judentum[6] beruhte auf dieser bedeutsamen Entscheidung zur Autonomie, die er für sich getroffen hatte und die er nach außen um so eher zur Schau trug, als sie mehr mit seiner Individualität, mit ihm, dem als Juden Geborenen, etwas zu tun hatte als direkt mit der Abstammung und der Religion. Auch diese waren von der Blickrichtung betroffen.

Die Dichtung ist eine Form des Denkens. Celan setzt es mit der Erinnerung in eins. Derart konzentriert hat es weder in der Philosophie noch in der Theologie seinen Platz; es unterscheidet sich, wo die Fragestellungen bei aller Divergenz unter sich vergleichbar bleiben. Es gibt in dieser Dichtung kaum etwas Perennierendes. Das dichtende Subjekt tritt in eine Materie ein, es wird seine Beziehung zu dieser Materie in der Form der gewählten Mitteilung nicht trennen. Celan zeigt da am klarsten, wovon er sich absetzt, wo er sich nicht nur polemisch einer Ansicht entgegenstellt, sondern geradewegs, wie etwa in der Wiederaufnahme von Texten der Kabbala oder Sigmund Freuds, eine neue Sinngebung mit der Lektüre der vorgegebenen Wörter verknüpft. Die Abänderung vollzieht sich dann nicht weniger

---

6 Er mochte gelegentlich den Unterschied auch zu anderen, etwa Kafka, hervorheben. Er betrifft die selbstverfügte Absonderung. Vgl. etwa eine Aussage während seines Berlinaufenthalts von 1967, die Marlies Janz wiedergibt: »*...noch nichts Interkurrierendes*«. *Paul Celan in Berlin im Dezember 1967. Celan-Jahrbuch* Nr. 8 (2001/2002), S. 340.

radikal in der Form einer offen dargelegten Umschrift. Das Andere hebt sich sichtbar und deutlich vom Bekannten ab. Die Bedeutung wird in eine neue Richtung gelenkt. Der Autor betont so die Freiheit der getroffenen Wahl; er gibt das Vorgängige der Willkür anheim, so autoritativ der aufgenommene Text auch sein mag. Ein Geltungsanspruch wird in seiner sozialen und intellektuellen Bedingtheit bloßgelegt und damit in Frage gestellt.

Eine unvermittelte, unvorbereitete Lektüre dagegen hebt die Distanzierung gerade auf. Sie verfehlt aufgrund der ungeklärten Voraussetzungen die eigentliche Entzifferung des Ausgesagten. Sie beachtet die interne, autotelische Dunkelheit nicht. An ihrer Stelle wird eine Positivität – Vorstellungen und Glaubensinhalte aus einer anderen Sphäre – auf den Text übertragen und ihm als eine Möglichkeit des Verständnisses aufgezwungen. Er wird so gleichsam zugenagelt. Es handelt sich logischerweise auch oft um gerade die Meinungen, die vom Autor in seiner poetischen Konstruktion umgewandelt und negiert wurden. Mit der Aufhebung der Negation geht die Positionierung verloren, die Stellungnahme der Person und ihr Freiheitsanspruch. Sie werden übersehen und aufs neue in bekannte Gefüge eingeordnet.

Dichtung als Kriegszug: das Gedicht Denk dir

Celan hat zur Zeit des Sechstagekriegs von 1967, dessen Verlauf er mit großer Anteilnahme und Erregung verfolgte (ich erinnere mich, daß er mehrmals am Tag anrief, um die letzte Entwicklung mitzuteilen), das Gedicht *Denk dir* geschrieben. Er war bemüht, dem Text sogleich eine große Verbreitung zu verschaffen; er bezog Stellung zu einer

Aktualität, die ihn besonders betraf.[7] Es kam in der Situation nicht darauf an, richtig verstanden zu werden, er sollte gelesen, seine Stimme vernommen werden.

DENK DIR

Denk dir:
der Moorsoldat von Massada
bringt sich Heimat bei, aufs
unauslöschlichste,
wider
allen Dorn im Draht.

Denk dir:
die Augenlosen ohne Gestalt
führen dich frei durchs Gewühl, du
erstarkst und
erstarkst.

Denk dir: deine eigene Hand
hat dies wieder
ins Leben empor-
gelittene
Stück
bewohnbarer Erde
gehalten.

Denk dir:
das kam auf mich zu,
namenwach, handwach
für immer,
vom Unbestattbaren her.

Die Anfangsworte des Gedichts bilden den Titel, sie heben sich vom Text ab. Das »Denk« und das »dir« werden verständlich, wenn man sich vergegenwärtigt, daß das Denken auf die Erinnerung (ein Gedenken) bezogen bleibt, und daß das Du, welches im Bereich der Dichtung die von ihm getrennte Person des Dichters vertritt, hier zu einer bestimmten, verinnerlichten Besinnung aufgefordert wird. Es geht um die Dichtung selbst gerade zu der Zeit, da das Kriegsereignis seinen Verlauf nimmt; sie ist es, die mit dem Krieg konfrontiert wird. Ein »denk du« wird in ein »denk dir« im Sinne eines »für dich« übergeleitet, so als ob ein »sag dir«, nur im Bereich des Gedankens, auf das Selbst ausgerichtet würde. Jede der vier Strophen wird von dieser Formel eingeleitet. Die Wiederaufnahme legt die jeweils in der Progression erreichte Etappe fest.

In einem ersten, vom Rest klar geschiedenen Gang geht es um Widerstand und Befreiung zur Zeit der Unterdrückung. Ein Wille bestätigt sich im Gesang der Häftlinge. Es sind die »Moorsoldaten«, mit denen die Welt der Lager aufgerufen wird. Die partikulare Wirklichkeit bezieht sich auf das Konzentrationslager Börgermoor. Es ist der Titel des Buchs von Wolfgang Langhoff, das 1935 bekannt wurde.[8]

---

7 Siehe die verschiedenen Veröffentlichungen in Zeitungen und Zeitschriften, in der Schweiz, in Deutschland und auch in Israel. Vgl. Paul Celan: *Fadensonnen.* TCA. Frankfurt am Main 2000, S. 251.

8 Wolfgang Langhoff: *Die Moorsoldaten. 13 Monate Konzentrationslager. Unpolitischer Tatsachenbericht.* Zürich 1935. Die erste legale Veröffentlichung in Deutschland erfolgte nach dem Krieg im Jahr 1946 – s. die Angaben in der französischen Ausgabe des Briefwechsels mit Gisèle zum Brief Nr. 529 (Paul Celan, Gisèle Celan-Lestrange: *Correspondance.* Paris 2001, Bd. II, S. 376 f., Anm. 1; die Anmerkung ist in der deutschen Übersetzung des Briefwechsels stark gekürzt wiedergegeben) und den Kommentar von Barbara Wiedemann (Paul Celan: *Die Gedichte. Kommentierte Gesamtausgabe in einem Band.* Frankfurt am Main

Wenn die Soldaten hier mit Massada verbunden werden, jener Festung, in der nach Flavius Josephus die Verteidiger während des Jüdischen Kriegs von 73 n. Chr. sich umgebracht haben, um sich nicht lebend zu ergeben, dann läßt sich die so hergestellte Beziehung doch nicht direkt von den Ereignissen herleiten, die Celan bewegten. Es liegt nahe, an die Vergegenwärtigung der Toten zu denken, die sich für Celan zutiefst mit dem sich gegen jede Gewalttätigkeit erhebenden Freiheitsdrang verbindet. Die »Heimat« wäre da zu finden, im poetischen Werk, das die Schrecknisse der Geschichte aufgreift und sich mit den Revolten gegen die Unterdrückung solidarisch zeigt. Diese Konstante liegt auch hier der historischen Darstellung zugrunde.

Die Kontinuität in der Auflehnung führt zu einem »unauslöschlichen« Aufstieg. Im Superlativ drückt sich das Absolutum einer Gewißheit aus, die das ganze Œuvre durchdringt. Die Wörter eines Gedichts finden auf dem Weg zum Aufstand zueinander, auf seiten des Stacheldrahts, gegen die Glaubenssätze der Gewalt, die sich in ihm versinnbildlichen; es ist auch hinter dem Draht, auf dem Haupt des Gekreuzigten, jener gepriesene Dorn (der »Dornenkönig«).[9]

Danach steigt aus der Tiefe des durchforschten Nichts die Armee der Umgebrachten auf, wie sie die Dichtung

---

2003, S. 790 f.) Das Lied »Wir sind die Moorsoldaten«, verfaßt von politischen Häftlingen, wurde vom Komponisten Hans Eisler für Ernst Busch bearbeitet. Man erfährt auch, daß Celan eine für *Denk dir* bestimmte Notiz in sein Exemplar der 1949 erschienenen *Philosophie der neuen Musik* von Adorno eingetragen hat. Celan konnte den Text des Gesangs seit 1946 durch das Buch von Eugen Kogon: *Der SS-Staat. Das System der deutschen Konzentrationslager* gekannt haben. Es befindet sich in seiner Bibliothek.

9   Der Leiter des Feuilletons der *Neuen Zürcher Zeitung*, Werner Weber, fügte der ersten der beiden Veröffentlichungen des Gedichts, am 24. und 25. Juni, einen Kommentar aus seiner Feder hinzu, die den Horizont, in dem der Text gelesen und aufgenommen wurde, genau wiedergibt (wiederabgedruckt in: W. W.: *Forderungen. Bemerkungen und Aufsätze zur Literatur*. Zürich 1970, S. 193–206). Er

wieder zu erwecken vermochte. Die Macht ihres Nichtseins ist unüberwindlich. Es gibt nichts Freieres. Es sind Verbündete, auf die man sich verlassen kann. Nichts engt sie ein; sie dringen vor, wie es ihnen beliebt.

In der Folge geht es um das Stück bewohnbarer Erde, das wiedergewonnen wurde; auch hier muß die Eroberung auf eine Situation übertragen werden, die sich der Arbeit des schreibenden Dichters verdankt und alles verändert hat. Die Vision neu besetzter Gebiete aus der Geschichte der wandernden Menschheit findet sich auch anderswo in den Gedichten.[10]

Die unveräußerlichen Hände sind die des Dichters, der sich den Beistand der allmächtigen Verbündeten zu sichern wußte. Doch sind es ebenso seine eigenen Kräfte, die ihn als Person individuell auszeichnen. Es ist die noch andere Auf-

---

ist von Emil Staiger beeinflußt und durch ihn von Martin Heidegger. Das sich dem Sinn widersetzende Verständnis läßt sich genau beschreiben. Wird Massada in eine Beziehung zur Gegenwart gebracht, so deswegen, weil dieser Vergleich die Überschreitung in eine andere – »geschickliche« und transhistorische – Ordnung gestattet, ein Heraustreten aus der Zeit. Die Erinnerung, insofern man Celans Auffassung übernimmt, spielt gegen sich selbst; sie hat den Auftrag, eine höhere Wahrheit aufsteigen zu lassen. Die Entzifferung des Texts, von »Namen« bis zur »Hand«, wird auf naive Weise so durchgeführt, daß die Arbeit des Dichters in den Bereich des Daseins gestellt werden kann: was Namen hat, hat auch »Leben«, das wahre Leben des Vitalismus, außerhalb unserer zerstreuten Kultur; diese Welt ist es, in die die handwache Hand eindringen soll. Jeder Beziehung zum literarischen Schaffensprozeß wird der Zugang versperrt, man befindet sich im Bereich des Seins. Celan war damit »bestattet«. In einem Brief an Franz Wurm (Paul Celan: *Briefwechsel mit Franz Wurm*. Frankfurt am Main 1995, Nr. 52 vom 1. 7. 1967, S. 83), nach der Veröffentlichung, äußert Celan seine Befriedigung. Er fühlt sich bestätigt durch die »einfühlsame« und gut dokumentierte Information. Ich meine, er wollte in diesem Kontext die Sache so stehen lassen und nicht weiter ergründen oder berichten; das Vorgehen hat seine Logik. Alles war durchgespielt, auch das Mißverstehen. Selbst Wurm drückt seinen Vorbehalt aus (Brief Nr. 54, vom 13. 7. 1967, S. 85 f.); er betraf die Person des Redakteurs und die implizite Heilstheologie, die über dem Leiden steht. Das alles stand jetzt nicht zur Diskussion, auch Wurm verstand so den Text nicht. Was zählte, war die Verbreitung, mit welchen Mitteln auch immer.

10 Vgl. in *Die Rauchschwalbe* (GW III, S. 216): »es war Landnahme-Zeit / in Menschland«.

gabe, die sich in der Dichtung erfüllt. Die Sisyphusarbeit besteht darin, die beiden Aufgaben an den Ort zu bringen, an dem sie gemeinsam zur Sprache werden. Es gelingt in ihr, die Wahrheit des Erlittenen zu sagen.

Die zentrale, demonstrative Bezeichnung durch ein Pronomen (»das«) bezieht die letzte Strophe auf die im Vorangehenden aufgezählten Elemente des dichterischen Schaffens. Die Umstände der Kriegsereignisse sind in der Belebung eines einzelnen, rückwärts gewendeten Zeitpunkts enthalten. Der Appell, der von ihnen ausgeht, weist auf eine geistige Vergangenheit, die auch in ihnen fortlebt. So wäre der gegenwärtige Krieg nichts anderes als der vom Dichter seit jeher geführte. Deswegen ist er auf der Höhe des Geschehens. In umgekehrter Sicht entspricht die militärische Aktion der dichterischen und läßt sich erst von dieser her verstehen. Es ergibt sich aus der Entsprechung, daß sich der Dichter bestätigt sieht, aber andererseits auch, daß das Ereignis sich nur zu legitimieren vermag, wenn es sich nicht von jenem Kampf unterscheidet, den er mit wahrsprechenden Worten ficht. Es sind »Namen«, sie beruhen auf der untrüglichen (und unsagbaren) Wachsamkeit der schreibenden »Hand«. Die Juden sind in ihr zuhause.

Zieht man den Namen der Gedenkstätte Jad va-Schem (»Hand-und-Namen«) heran, und hinter ihm den Spruch des Propheten Jesaia, so hat man nicht von dem Gedanken auszugehen, er beziehe sich der Umstände wegen darauf. Der Name wie die Hand sind strukturierende Elemente der Celanschen Sprache.[11] Die Gedenkstätte befindet sich im

---

11 Vgl. B. Badiou im *Briefwechsel* mit Gisèle, Bd. II, S. 383, ein Kommentar des (undatierten) Dokuments Nr. 677. Die beiden Wörter sind mehrmals auf dem Blatt mit hebräischen Buchstaben unterschiedlicher Größe nachgezeichnet.

Werk, auch die Jesaiastelle, wenn man die Wörter mit dem so stark betonten Wachsein in den Gedichten verbindet. Die Hand wird bei Jesaia mit Gedenkstätte wiedergegeben (»ich will ihnen in meinem Hause und meinen Mauern einen Ort und einen Namen geben, besser denn Söhne und Töchter«). Ein Monument, dauerhafter als von Bronze, schrieb Horaz (*exegi monumentum aere perennius*[12]). Die Dichter erliegen der Versuchung des Superlativen. Wie wird das Land weiterleben? Celan schrieb an Wurm: »In mir ist Unruhe, der Dinge um Israel wegen, der Menschen dort, des Krieges und der Kriege wegen«.[13] Ist die Unruhe nicht in ihm selbst? Es ist die Zeitlosigkeit des Geschriebenen.[14]

Der letzte Vers beruft sich auf einen Ursprung, der die Macht begründet und das Selbstbewußtsein, das sich von ihm herleitet. Celan hatte ihn zuerst mit einem Wort bezeichnet, das er der Darstellung des magischen Dichters in Hölderlins *Empedokles* entnahm. Panthea, zu Beginn der Tragödie, versucht den Genius des Empedokles richtig zu schildern; sie sagt, er trage in sich ein eigentümliches Wesen, das alles zu verwandeln vermag. Das Wort wird in der Form eines Neutrums von Celan wiederaufgenommen: ein allmächtiges Prinzip, eine letzte Instanz.[15]

---

12 *Oden* III, 30.

13 Brief Nr. 47 vom 8. 6. 1967, S. 71.

14 John Felstiner stellt das so dar: Celan wurde von der Jubelwelle der Juden überall auf der Welt nicht mitgetragen (»Yet the Six-day War had not swept him up on a wave of enthusiasm.«); er überwindet seine Depression nicht (»Celan was, after all, a sick man, sometimes violent and even suicidal.«). Was läßt sich von ihm schon erwarten? John Felstiner: *Paul Celan. Poet, Survivor, Jew*. New Haven and London 1995, S. 243.

15 Celan geht auf den Einwand seines Briefpartners ein; er nennt seine Quelle und gibt den Sinn der Wiederaufnahme an (*Briefwechsel mit Franz Wurm*, Nr. 50 vom 13. 6. 1967, S. 77). Es handelt sich deutlich um eine aus Dankbarkeit festgehaltene literarische Vorstellung und nicht um eine natürliche, wie dies die ersten Leser, vor anderen, angenommen haben.

In der letzten Fassung wurde dann das »Allverwandelnde« durch das »Unbestattbare« (»vom Unbestattbaren her«) ersetzt.[16] Der Kampf gegen die Vernichtung des Geschehenen überwiegt gegenüber jedem anderen Anspruch. Er schreibt: »dieses Wort […] versetzte mich in jenen […] Zustand der sich straffer und straffer dem Gedicht […] entgegenspannenden Erwartung – und kam dann, aus Dankbarkeit, im Text wieder. Nur daß diese Dankbarkeit, die hier bezeugt werden soll, schwindet gegenüber dem unvermittelten, stärkeren Anruf: jetzt heißt es – richtig, glaube ich – : vom *Unbestattbaren* her«.[17]

Im Gedicht nimmt der Autor seine eigene Position wahr. Er hat zuerst die Bangnis und dann den glücklichen Ausgang erlebt. Durch die Angst und die Bedrohung hat er die Bedeutung der Kräfte ermessen, die ihm zur Verfügung stehen, um der Gefahr zu widerstehen. Sie werden hier vielleicht klarer aufgezählt und definiert als irgendwo sonst. Es war schon sein eigener Krieg. Erst aufgrund dieser besonderen Darstellung lassen sich die Form seiner Beziehungen in dieser ganz außergewöhnlichen Situation und die politische Bedeutung der publizistischen Aktion erkennen.

In dem Brief an Wurm, in dem ihm der Dichter eine erste Fassung mitteilt, äußert er auch eine gewisse Besorgtheit,

---

16 Die Mehrdeutigkeit des Worts »unbestattbar«, an die sich Wurm hält (Brief Nr. 51 vom 15. 6. 1967, S. 79), ist vielleicht so nicht vorhanden. Celan hat es vorgezogen, sich an die gewohnte, stärker an ihn gerichtete Erwartung zu halten. Sich auf die Gräber beziehend, mußte er das Vitale von sich fernhalten, um das Leben, in eine andere Ordnung und eine andere Dauerhaftigkeit überführt, verwandelt wiederzufinden.

17 Brief Nr. 50 vom 13. 6. 1967, S. 77. Für Felstiner, der den Passus für die jüdischen Gemeinden erläutert, gibt es zwei Seiten: einerseits die Opfer, die man nicht wird bestatten können, andererseits ihren Geist, der sich am Leben erhält: »Finally, Celan's word ›unburiable‹ fuses the two halves of one idea: Jewish victims who *could* not be buried and their spirit that *will* not« (S. 242).

weniger wegen des Ausgangs des Kriegs als wegen des Kriegs an sich. Gewiß soll Israel leben, aber: »der Gedanke an eine Kette von Kriegen, an das Markten und Schachern der ›Großen‹, während Menschen einander töten – nein, das kann ich nicht zu Ende denken«.[18] Das Ende, er sah es 1967 mit Schrecken. Seine Stimme war hellsichtig, besorgt oder ermahnend, wie man will.[19]

Die pneumatische Differenz

Celan geht seiner Schreibweise auf den Grund; es ist nicht unmittelbar ein theoretisches Interesse, es sei denn, daß auch die interne Analyse einen gewichtigen Teil des Schaffensprozesses darstellt. Es gehört wohl in unterschiedlichem Maße zu jeder großen Kunst, daß die Reflexion über die Bedingungen ihres Zustandekommens von der Durchführung eines konkreten Projekts nicht zu trennen ist. Die Dichtung ist experimentell und dadurch auf sich selbst bezogen. Bei Celan ist diese Tendenz besonders stark ausgeprägt, sie steht in enger Beziehung zur Anschauung einer

---

18 Brief Nr. 47 vom 8. 6. 1967, S. 71.
19 Auf Wurms Seite liest man dieselbe Besorgnis, die nicht weniger auf die gegenwärtigen Verhältnisse zutrifft, in den Briefen Nr. 48 vom 11. 6. 1967, S. 74 f., und Nr. 54 vom 13. 7. 1967, S. 86. Von christlicher (oder christlich-jüdischer) Seite bleibt heute nur ein obligates Bedürfnis, die Identifikation mit dem Interesse Israels zu bekunden. So schreibt Lydia Koelle zu dem Gedicht anachronistisch: »[Celan] legitimiert den religiösen und politischen [sic!] Anspruch seines Volkes auf die Stadt Jerusalem und den ungehinderten Zutritt zu ihren heiligen Stätten als Teil und Ausdruck jüdischer Identität: Jerusalem soll nicht nur geistlicher [so, nicht »geistiger«], sondern auch der politische Mittelpunkt werden«. Es ist reine Fantasie. Die Freiheit einer nuancierten oder widersprüchlichen Beurteilung der Lage wird dem Dichter noch rückwirkend abgesprochen. Lydia Koelle: *Paul Celans pneumatisches Judentum. Gott-Rede und menschliche Existenz nach der Shoah*. Mainz 1997, S. 239.

Involution. Die Dichtung öffnet sich von innen und gelangt auf diesem Weg an einen abstrakten Punkt, wo ein Ursprung mit der Eigenständigkeit zusammenfällt.

Schon der früheste, vorerst rein pneumatische, vorwiegend rhythmische Ansatz hält sich zurück und stößt darauf ab. Der Takt in seiner Doppelbewegung ist befreiend, wie es darauf die reflexiven, intellektuellen Momente sind, die sich in einem zweiten Schritt einstellen. Die Negation wurde vorweggenommen. Was auch immer am Anfang stehen mag, als solcher ist dieser distinktiv, so daß man sich fragen kann, ob er selbst nicht schon differenziert ist. Umgekehrt könnte man mit der gleichen Berechtigung alle späteren Absonderungen auf die Spezifik dieses ursprünglichen, sich stets absetzenden Rhythmus zurückführen. Der Atem wahrt seine eigene Struktur; sie behauptet sich gegen die Unzahl der anderen Potenzen.

So kann Celan daran festhalten, daß ein Gedicht nicht hergestellt noch in irgendeiner Form produziert oder fabriziert werden kann. Darauf besteht er in den Materialien zum Meridian.[20] Es geht ihm dabei nicht um das Zustandekommen noch um die Ausarbeitung der Texte, sondern um einen ursprünglicheren, auf alle Fälle vorgängigen Ort der dichterischen Ausdruckskraft. Weder die Bedeutung der kompositorischen Gestaltung noch die Autonomie der Sprache stehen zur Diskussion. Es wäre ein ungeheures Mißverständnis, diesen Schluß zu ziehen. Es geht dem Dichter um den »Atem«, den Bereich des Pneumatischen, dem die absolute Vorgängigkeit zukommt. Dessen Stärke und Offenheit schaffen die Voraussetzungen für die Freiheit der Zusammenfügung und damit der Signifikanz.

---

20 Materialien zum *Meridian*, TCA, Nr. 302, S. 113.

Es geht, bei aller Kunstfeindlichkeit (eine Rubrik der Materialien versammelt Notizen dieser Richtung), trotz allem um die Kunst – insofern man den Begriff nicht auf das Machen oder auf die Machbarkeit beschränkt. Die Ausweitung der Bedeutung erlaubt es, die für Celans Gedichte wesentlichen Aspekte der Wortfügung und des syntaktischen Aufbaus mit zu berücksichtigen. Das Wort »Fügung« überträgt die Verwendung des für die Wortstellung gebrauchten griechischen Terminus der »harmonia« auf das moderne Kompositionsprinzip. Die Anschauung läßt sich mit keiner Konvention und keiner »Koine«, keiner Gemeinsprache vereinen; die Wortwörtlichkeit entspricht der Freiheit der idiomatischen Neubildungen.[21] Der Sinn wird zu einem persönlichen, er hat sich dem Wortmaterial eingezeichnet; die Materie wird anders verfügbar, sie wird dadurch eindeutig und so auch entzifferbar. Die Interpretation wird erst willkürlich, wenn sie sich nicht an diese Voraussetzung hält.[22]

Es bleibt gegenüber der etwas verwirrten Darstellung in einem Buch über Celans Beziehung zu Heidegger von Hadrien France-Lanord[23] zu betonen, daß die »Kunstfeindlichkeit« Celans sich auf den in der Büchnerrede stark hervorgehobenen Aspekt der Künstlichkeit bezieht, wovon sich von der Person her verstanden ein anderes Können abhebt, welches auf die frappierende Ähnlichkeit der bei-

---

21 Vgl. ebd., Nr. 663, S. 170.
22 Siehe ebd. unter Nr. 671, S. 171, zu den Interpreten, für die die Schönheit nicht in der Wahrheit liegt, nicht in der *Buchstäblichkeit* des Gesagten, Wort Gewordenen«. Celan schrieb: »sie wollen es nicht Wort haben« – nicht Wort und nicht wahr.
23 Hadrien France-Lanord: *Paul Celan et Martin Heidegger. Le sens d'un dialogue.* Paris 2004. Siehe das Kapitel »La machination et le règne de l'efficience«, S. 136–142.

den Prozeduren, der pneumatischen und der artifiziellen, weist. Im Artifiziellen liegt etwas Unpersönliches, und das Gedicht als Händedruck steht dem entgegen, wobei die von Otto Pöggeler und anderen Interpreten als Artistik bezeichnete Bemeisterung der verbalen Virtuosität nicht dem einen weniger als dem anderen zukommt. Es geht Celan um den neuen Ursprung eines »Hand-werks«, das in der Individualität angelegt ist; die Beobachtung, von der der Dichter im zweiten Brief an Hans Bender berichtet,[24] betrifft den Übergang vom »Machen« (»poiein«) zu einem nicht mehr durch den Einsatz der Person gewährten »Fabrizieren«, das schließlich zur bloßen »Machenschaft« degeneriert. Die Person bewahrt vor einem Sichgleitenlassen in der Sprache, wie es gerade von einem ontologischen Ursprung her faßbar wird. Die Freiheit steht zu sich selbst.

In einem auf französisch geschriebenen, nicht abgesandten Brief an den Dichter René Char schließt Celan die Distanz mit dem Dichter ein[25]; sie gehört in seiner Sicht zur Anerkennung einer »Begegnung«, die aus dieser Doppelbewegung des Auf-etwas-Zugehens und des Abstandnehmens besteht. Sie führt hier, nach der Büchnerrede, zu einer Neubestimmung des dichterischen Vorgangs. Der Atem ist an und für sich etwas den Menschen Gemeinsames, doch hat er es an sich, einen der Sprache einverleibten Rhythmus jeweils anders zu gestalten. Der Ursprung wird in die wesentliche Ferne projiziert, die Celan als »unbekannte« bezeichnet. Ein Draußen wird aufgrund seiner verneinenden Potenz zum Gegenpol. Dessen Attraktion sprengt

---

24 GW III, S. 177 f.
25 Barbara Wiedemann (Hg.): *Paul Celan – Die Goll-Affäre. Dokumente zu einer »Infamie«*. Frankfurt am Main 2000, S. 573–577.

die der Sprache innewohnenden Grenzen. Für die zweite, davon getrennte, stärker reflexive Phase gebraucht Celan den Ausdruck »stummer Gedanke«; das Schweigen leitet sich genealogisch von der Totenwelt und der Vergegenwärtigung des Vergangenen in der Erinnerung her; es füllt die leeren Intervalle aus, die der pneumatische Rhythmus bereitstellt. Die kritische Distanz trennt zweimal, sie legt auseinander und entgegnet. Was man gemeinhin als ein Urteil bezeichnen würde, präsentiert sich in der Dichtung eher als engagierte »Entscheidung«; sie bezieht einen »Entschluß« mit ein und beruht auf einer Wahl. In dieser semantischen Dynamik wird die Präzision im Rahmen einer »Sympathie« bis zum Punkt getrieben, wo die Kraft der Unterscheidung auf einer Form von vorbestimmter Identifikation des Subjekts mit dem von der Sprachmaterie betroffenen Gegenstand beruht. Die Konjunktion entspricht dem Standpunkt, den der Dichter mit seinem historischen Ich eingenommen hat und der auch in der auf diese Grundlage gestellten Ausübung der Kunst seine Geltung bewahrt. Das Leben ist kein »angelebtes«, wie Celan etwa die Dichtung der Nelly Sachs charakterisieren würde, weil sie sich von vorgeprägten Anschauungen nicht freimachte. Zwei geschiedene Momente ergänzen sich, wobei die Entfernung als solche, auch wenn sie kein Absolutum darstellt, unermeßlich bleibt. Sie geht nicht verloren; sie erschöpft sich nicht. Sie ist imstande, die eindringende, überfließende Materie der Töne (ich nannte es ein »Anströmen«[26]) zu gestalten und zu regulieren. Der Rhythmus in der Spannung des Atmens überträgt sich von einem Bereich in den

---

26 Jean Bollack: *Paul Celan. Poetik der Fremdheit*. Wien 2000, S. 261 f.

anderen, so daß am Ende auch die Person sich ihm übergeben kann und sich mit ihren Ideen von ihm tragen läßt.

Beschneidung der Unmenschlichkeit: das Gedicht Einem, der vor der Tür stand

Zu den unbestreitbar schwierigen Texten, die zu falschen Schlüssen und im besten Fall zur Formulierung von Aporien führten, gehört das Gedicht *Einem, der vor der Tür stand* in der *Niemandsrose*.[27]

> EINEM, DER VOR DER TÜR STAND, eines
> Abends:
> ihm
> tat ich mein Wort auf — : zum
> Kielkropf sah ich ihn trotten, zum
> halb-
> schürigen, dem
> im kotigen Stiefel des Kriegsknechts
> geborenen Bruder, dem
> mit dem blutigen
> Gottes-
> gemächt, dem
> schilpenden Menschlein.

Ein erster Schritt zu einem Verständnis könnte darin bestehen, daß man in der mit »Einem« nicht weiter definierten Gestalt am Anfang des Gedichts denselben Rabbi Löw erkennt, an den sich im folgenden das sprechende Ich als

---

27 GW I, S. 242 f.

einen Vertreter des gemeinhin in den Gedichten als Du in Erscheinung tretenden schreibenden Subjekts wendet. Das »Wort« bezeichnet dann den Bereich einer der Welten, die in der Dichtung als eine jeweils neue entstehen. In dieser Konstellation steht der Schriftgelehrte aus Prag für eine eigentlich jüdisch verstandene Geistigkeit, der sich Celan im deutschen Gedicht öffnet. Gleichzeitig beruht die mögliche Einwirkung des Rabbis auf der Einsicht, daß sich das Judentum historisch nicht mehr anders als in den mißratenen, geschundenen und verteufelten Kreaturen der Vernichtungslager verkörpern kann. Hält man sich an den Kontext, so wird man das Zitat aus Rutebeufs *La Complainte* »Was ist aus meinen Freunden geworden?«,[28] das in einer ersten Fassung als Titel des Gedichts figuriert, auf die umgekommenen Juden beziehen. Einer, nicht irgendeiner, von denen, die nicht mehr sind,[29] könnte wiederkommen, d. h. in Celans Sprache auferstehen und diese von ihrem Totenreich (und Totsein) her zurechtbiegen.[30] Er wird in den späteren Fassungen zum Rabbi. Der Rabbi geht auf den »Kielkropf« zu; er »trottet« jetzt auch selbst; er ähnelt, als wär er wie jener, sich dem Verkrüppelten an. Es ist nicht

---

28 »*Que sont mes amis devenus?*« Vgl. Paul Celan: *Die Niemandsrose*. TCA. Frankfurt am Main 1996, S. 64.

29 Vgl. die von Wiedemann in *Paul Celan – Die Goll-Affäre*, S. 809 f. unter Nr. 323 mitgeteilte Übersetzung der Verse 109–114. Der letzte Vers lautet da: »nichts, das da blieb«. Die semantische Umsetzung ist, wie oft, sehr radikal auf die veränderten Verhältnisse bezogen. Wiedemann meint zu Nr. 271 (*Einem, der vor der Tür stand* als Dokument, S. 760–762) wohl zu Unrecht, das Zitat in einer ersten Fassung direkt auf den Abfall von Celans Freunden (etwa Rolf Schroers oder Klaus Demus) beziehen zu können.

30 Siehe in *Die Niemandsrose*, TCA, S. 64: »Einer – vielleicht / kommt einer, vielleicht / kommt er wieder?« (eine Wiederauferstehung), und in einer zweiten Strophe: »Welcher / kommt?« In den folgenden Fassungen ist dieser Anfang weggefallen.

unbedingt jene faustische Figur aus der Zeit der Renaissance gemeint, sondern über ihn hinaus vielleicht irgend jemand, der die Tradition verkörpert, und in dieser Funktion als eine Gestalt auftritt, die den Löwen Judas allgemein versinnbildlicht.[31]

Nun steht einerseits dem um ein Verständnis ringenden Interpreten in den Materialien zum *Meridian* die Information zur Verfügung, daß Celan mit dem doch seltenen Wort »Kielkropf« für »Wechselbalg« an von der Soldateska abscheulich zugerichtete Figuren denkt.[32] Sie sind übrig geblieben, und der Dichter hat sich an sie als einzig gültige

---

31 Ein Japaner stellte kürzlich die These auf, es sei von der Annahme auszugehen, daß der Eingelassene ein Vertreter des Deutschtums sei und die Schreckensgestalten, denen er begegnet, die Form der Sprachverwendung in den Gedichten Celans. Der Dichter würde in sarkastischer und grotesker Weise selber die Attacken schildern, denen er sich ausgesetzt sieht, und am Ende die Konsequenz ziehen, auf den Westen, der ihm Böses will, zu verzichten und sein Heil in der asiatischen Welt der »Morgentür« zu suchen (Hideo Kaneko: »*Reiß die Ostentür auf*«. *Über Paul Celans ›Einem, der vor der Tür stand‹*, in: *Celan-Studien*. Hg. von der Japanischen Paul Celan Gesellschaft, Nr. 5, 2003, S. 26–49; deutsche Zusammenfassung S. 49–50). Die Sichtweise ist eine makropolitische Ausweitung und Umdrehung der durch Barbara Wiedemann verbreiteten Anschauung, Celan stelle die Freunde an den Pranger, die ihn verraten haben. Der Inhalt des Gedichts wird von ihr als eine unmittelbare Reaktion auf eine Situation während der Goll-Affäre verstanden und deswegen in seiner Bedeutung stark reduziert und verkannt (siehe Anm. 29). Die Herausgeberin spricht von einer im Gedicht formulierten Hoffnung (die »Lebendigkeit« in Strophe 3), daß der Angesprochene doch am Ende darauf verzichten könnte, den mit »Kielkropf« und den anderen Bezeichnungen genannten Antisemiten wie Carl Schmitt Gefolgschaft zu leisten. Ein behutsamer Versuch wie der Kommentar von Peter Horst Neumann deckt wenigstens im Text weiterführende Aporien auf. Neumann in: Jürgen Lehmann und Christine Ivanović (Hg.): *Kommentar zu Paul Celans ›Die Niemandsrose‹*. Heidelberg 1997, S. 173–177.

32 Siehe die Materialien zum *Meridian*, Nr. 400, S. 128: »Wer nur der Mandeläugig-Schönen die Träne nachzuweinen bereit ist, der tötet auch sie [...] Erst wenn du mit deinem allereigensten Schmerz zu den krummnasigen, bucklichten und mauschelnden und kielkröpfigen Toten von Treblinka, Auschwitz und anderswo gehst, dann begegnest du auch dem Aug und seinem Eidos: der Mandel« (vgl. auch Nr. 394–397, S. 127, und Nr. 410–412, S. 130). Das Aug bezeichnet die semantisierende Kraft und die Mandel die in deren Tiefe eingelassene, die Formen prägende Gestalt.

EINEM, DER VOR DER TÜR STAND, eines
Abends:
ihm
tat ich mein Wort auf — : zum
Kielkropf sah ich ihn trotten, zum
halb-
schürigen, dem
im kotigen Stiefel des Kriegsknechts
geborenen Bruder, dem
mit dem blutigen
Gottes-
gemächt, dem
schilpenden Menschlein.

Rabbi, knirschte ich, Rabbi
Löw:

Diesem
beschneide das Wort,
diesem
schreib das lebendige
Nichts ins Gemüt,
diesem
spreize die zwei
Krüppelfinger zum heil-
bringenden Spruch.
Diesem.

. . . .

Wirf auch die Abendtür zu, Rabbi.

. . . .

Reiß die Morgentür auf, Ra- –

Referenz zu halten. Er zwingt sich, durch diese Realität hindurchzugehen. Aufgrund der Dokumentation wäre die Identität der Kreatur gleichsam geklärt. Die Mißgestalt ist ein Jude. Die krude Phonetik des Worts, das »k« und das »kr«, bedingt die Aufschlüsselung. Der Dichter vereint den Juden des Geistes mit dem Juden des Ghettos und der Gassen. Andererseits aber ist »kielkröpfig« auch ein Wort, das den in der deutschen Literatur Bewanderten an die Episode der »Finsteren Galerie« in Goethes *Faust II* und an die Erörterung der Hexenwelt darin erinnert.[33] Dieser Hinweis kann um so weniger als zufällig betrachtet werden, als die Kreatur des Gedichts in der Form des »schilpenden Menschleins« den Leser gleichzeitig an die Geburt des Homunculus in der Laboratoriumsszene gemahnt.[34] Der Kolben des Alchimisten im Drama hat sich im Gedicht in den kotigen Stiefel eines gut mittelalterlichen »Kriegsknechts« verwandelt. Die Kreatur hat darin ihre Schreckensgestalt erhalten. Was ihr bei aller Verknechtung und Mißbildung bleibt, ist das Blut des beschnittenen Geschlechts, des »Gemächts«, und, wohl auf dieses bezogen, ein Sprechen, dessen Menschlichkeit in der Reduktion noch aufbegehrt und sich durchzusetzen versucht. Es ist das sprachliche Material, wie es sich anbietet, als der Rabbi zu der Gestalt hingeht und der Aufforderung des Dichters entspricht, sein jüdisches Wissen den Umständen gemäß an diesen Adressaten weiterzuvermitteln.

---

33 *Faust II*, Erster Akt, Finstere Galerie; Mephistopheles: »Mit Hexen-Fexen, wie Gespenst-Gespinsten, / Kielkröpfigen Zwergen steh ich gleich zu Diensten; [...]«. Ich verdanke diesen Hinweis meinem Freund Arnau Pons.

34 *Faust II*, Zweiter Akt, Laboratorium; Wagner: »Ich seh in zierlicher Gestalt / Ein artig Männlein sich gebärden / [...] / [...] das Geheimnis [...] / wird zur Stimme, wird zur Sprache«.

Aus dem Bezug auf die Homunculus-Szene im *Faust*, läßt sich, nimmt man ihn ernst, von der Phiole zum Stiefel, eine literaturgeschichtliche Genealogie konstruieren, in der ein mythisches Spiel der Unmenschlichkeit, zu übermenschlicher Macht überführt, auf eine Entwicklung verweist, die ohne solche Vorstellungen nicht denkbar wäre. Die dargestellte Szene würde so die kulturelle Verantwortung vergangener Dichtungen mit einbeziehen und sich indirekt mit der kritiklosen Gebundenheit bei der Erfindung von klassischen Modellen auseinandersetzen.

In der zweiten Phase wird der Rabbi deswegen beauftragt, nicht das schon beschnittene Glied, sondern jetzt die Sprache der behinderten Kreatur zu beschneiden, so wie es Celan im Hinblick auf die aus ihm Ausgestoßenen mit dem Deutschen praktiziert, und daraufhin, was an das im Gedichtband folgende Gedicht *Mandorla* gemahnt, sie mit der Einsicht in das Wesen des »lebendigen Nichts« zu begaben. Die Stufe des Geistigen wäre damit erreicht.

    Rabbi, knirschte ich, Rabbi
    Löw:

    Diesem
    beschneide das Wort,
    diesem
    schreib das lebendige
    Nichts ins Gemüt,
    diesem
    spreize die zwei
    Krüppelfinger zum heil-
    bringenden Spruch.
    Diesem.

Es fehlte die letzte Applikation im Bereich der Mimesis. Auch verkrüppelte Finger vermögen sich wie segnende Priesterhände zu benehmen und so ihre zeremonielle Rolle in den Aufführungen von Hymnen zu übernehmen – oder ein Zeichen des Sieges nachzuahmen. Weder der Sarkasmus noch die makabre Komik, die sich in der Parodie entfalten, lassen sich auf den ersten Blick als solche wahrnehmen. Es könnte scheinen, als würde man auch einen positiven Weg dank einer wohl verzweifelten und dennoch synagogal berichtigenden Wiederherstellung *inter judaeos* geführt. Die Szene enthält jedoch nicht mehr als einen entscheidenden Durchgang, der an die geschichtliche Wahrheit gebunden bleibt. Der Kult, welcher auch immer, führt zu nichts. So wird dem Rabbi am Ende aufgetragen, die Abendtür zu schließen, d. h. die Leute beim Alten und unter sich zu lassen. Auch eine jüdische Korrektur, so fundiert sie sein mag, trägt im Rückzug in Wirklichkeit noch denselben Charakter des Mythischen, des Unreflektierten und Unmöglichen:

....

Wirf auch die Abendtür zu, Rabbi.

....

Reiß die Morgentür auf, Ra- –

Der Sinn des Ganzen offenbart sich am Ende in der letzten von vier Phasen. Das Heilsgeschehen und die Geborgenheit in der Illusion einer jüdischen Zuversicht weist im letzten Vers über sich selbst hinaus, auf eine andere Zukunft. Die zum Widerspruch beschnittene Sprache läßt sich zu keiner gültigen religiösen Formel und keiner Heilung umbilden. Auf der Gegenseite des einbrechenden Morgens ist der Rabbi in der Bezeichnung seiner selbst ein Gespaltener. Es bleibt ihm nur das »Ra-«, die erste Silbe seines Namens. Die Wahrheit ist eine gebrochene, eine beschnittene. Sie wird wahr erst in der Brechung. Eine Hälfte wird auf die andere, die verneinte, bezogen. Sie geht ihr voraus.

Eine vorgefundene Freiheit

Celan hat sich in seinem Selbstverständnis und seiner Kreativität einer literarischen Gegenbewegung verschrieben, die ins 17. und 18. Jahrhundert zurückreicht. Er mußte sie als die eigentliche, die wahre deutsche kulturelle Vergangenheit betrachten. Etwas Unverzichtbares (und Unmythisches) hatte die Stelle des mythischen Ursprungs eingenommen. Dieses neu geschaffene, freiheitliche Vermächtnis ist im Laufe der darauffolgenden Zeit bekämpft und schließlich verraten worden. Die Konstitution der intellektuellen Bewegung fiel zusammen mit dem Eintritt der Juden in die westeuropäische und insbesondere in die deutschsprachige Welt. Die Haskala als Aufklärungsbewegung war schon in der inneren Entwicklung des Judentums angelegt. Sie führte potentiell zur Sprengung von ethnisch gebundenen, kollektiven Lebensformen.

Von diesem Durchbruch im Osten her gesehen ist Deutschland oder der deutschsprachige Raum die Welt, in der die Juden seither gelebt haben. Es war Celans Welt. Er ist mit dieser Sprache groß geworden. Man kann die Lebensumstände, die Familie und die Schule nicht davon trennen. Gerade deswegen aber hat Celan die Bereiche der Person und ihrer Freiheit von den Konventionen der Umwelt scharf geschieden. Er hat sich gegen alles Verbindende an das Ausgeschlossensein gehalten als der Voraussetzung einer kritischen Haltung im Eigenen. Er hat sich auch später im eigentlichen Westen an die Periode der Befreiung als etwas in tieferem Sinne Vorgängiges geklammert, auf das niemand sollte verzichten müssen. Immer wieder untergräbt er in seinen Gedichten die weltlichen und kirchlichen Herrschaftsgefüge. Es war nicht ein »anderes« Deutschland, eher das eigentliche, in der Sicht des Einzelnen, für die Zeitspanne einer fortdauernden Emanzipation, während der bis zu Hitler und bis zu ihm, Celan, im intellektuellen oder allgemein geistigen Bereich die Unterdrückung bekämpft werden konnte.

Die Verbundenheit mit den Juden und ihrer eigenen biblischen und talmudischen Überlieferung ist nichts primär Übernommenes, sie ist neu durchdacht worden und erhält ihren Sinn aufgrund eines zentralen Befreiungsmoments, welches das Selbstverständnis unterbaut und damit auch die Verfolgung ins richtige Licht zu setzen vermag. Die Gegenbewegung der Aufklärung mit ihren Negationen war zur eigentlichen Kultur geworden, zu etwas, was man mit diesem Namen verbinden konnte. Lessing vor Goethe, die Erkenntnis des Partikularen vor der Natur. Celan spricht, wie er unablässig betont, »in eigener Sache«, rationaler als man es zu seiner Zeit von einem Dichter erwartete. Celans Judentum, seine nicht hörige Zugehörigkeit, ist kein strukturiertes Erbe wie jenes, auf das man sich gemeinhin beruft. Gewiß gehört auch dieses wie anderes Tradiertes nicht weniger zur Tradition, auf die sich jeder Gedanke auch bezieht, doch fällt es nicht zusammen mit ihr. So fragte Celan sich von außen, was das Judentum für ihn bedeutete.

Was hatte er selbst dazu zu sagen? Sein Judentum wurde neu erfunden. Dargestellt wird das, wozu es für ihn geworden ist, was er daraus gemacht hat. Er hat es fortschreitend durchquert und, aufgrund der Schwierigkeiten, die er mit andern und mit sich selbst hatte, neu durchdacht und bezeichnet.

In ebendem Maße, wie Celan die deutsche Sprache geschichtlich verstand und bemeisterte, mußte sie eine von innen, von ihrer wahren Tradition her aufgeklärte und unter diesem Zeichen engagierte sein. Bei Celans Position handelt es sich nicht um Geschichtsphilosophie, und sie hat nichts Mythisches an sich, vergleicht man sie mit der Walter Benjamins, bei dem verwandte Anschauungen so oft vom Mythos oder von der Theologie her durchkreuzt werden.

Celan hält sich an die Situation, in der ein jeder steht. Jede Zugehörigkeit wird dabei zu einer selbstgewählten, nicht bloß übernommenen. Woraus bestand sie dann, schließt man die religiöse Gebundenheit und auch den Zionismus aus? Es war gleich zweimal ein Gegenjudentum, von seinen Vorgängern und von ihm selbst aus gesehen. Was galt, war die Geschichte und die Freiheit einer Literatur, die das Wahre, auch das geschichtlich Wahre, zu sagen vermochte. Zu diesem geschichtlichen Horizont gehören auch die nie aufgegebenen politischen, im weiteren Sinne marxistischen Verbindungen aus seiner Jugendzeit und der Umstand, daß er sich bewußt, nicht als Vertriebener, im Paris Heines und Baudelaires eingerichtet hat. Es sind dies wichtige Faktoren, denen in der Geschichte der Kritik keine angemessene Beachtung widerfahren ist.

Auch die Verfolgung und die Situation der Überlebenden nach der Vernichtung erhalten ihre Bedeutung erst im Lichte des Zusammenbruchs einer kulturellen Tradition, zu deren Überwindung sein Werk beitragen sollte. In der Welt der Literatur im umfassenden, das Politische einbeziehenden Sinn, der ihr für Celan zukam, war er der Jude; er verstand sich als ein deutscher Dichter, der ein Jude war. In einem Zustand gewiß großer Aufgeregtheit (während der Goll-Affäre) umschreibt Celan an Siegfried Lenz mit letzter Klarheit die Ausgangsposition: » […] ich *bin* Jude. Womit ich nicht zuletzt auch sagen möchte, daß ich mich keineswegs für einen *Vertreter* des Judentums oder gar für dessen Anwalt halte. Ich *bin* es nur. [...] Und bin […] dorthin gegangen, wo ich, meiner Sprache nach immer war und immer zuhause bleibe: nach Deutschland«.[35] Die persönliche Situation historisiert auch das Verhältnis zur Religion. Ein derart definiertes Judentum bezieht auch die christliche Umwelt mit ein, gegen die er sich richtet und mit der er gelegentlich scharf ins Gericht geht. Er war nicht eigentlich gläubig, in einem traditionellen Sinn, er war nicht gesetzestreu; er ging ohne Hut, nackten Hauptes, mit der Identität eines exilierten Ostjuden. *Ex oriente*. Nichts von allem immer neu Aufscheinenden und auch in der Kritik oft ungebührlich Hervorgehobenen, weder die Trauer noch die Vergeltung, weder die Vergegenwärtigung des organisierten Mords, das Nichtvergessen, noch die Auferstehung der Umgebrachten kraft der Macht und Magie des Worts, nichts davon ist von außen gesprochen. Mit dem Jüdischen ist etwas profund Deutsches, mit dem Fremden in Deutschland das Eigene verstoßen worden. Deswegen kann sich die Entgegensetzung nur auf der sprachinternen Ebene vollziehen. Sie wird zuinnerst zu einer sprachlichen, gleichsam

---

35 *Paul Celan – Die Goll-Affäre*, Nr. 157, S. 558.

noch vorkulturellen Angelegenheit. Diese ist es, die von den Interpreten verkannt wurde.

Unverständnis und Plagiatvorwurf: die Goll-Affäre

Geht man davon aus, daß eine Sprache sich neu formt und daß sie damit weitgehend auf der Zerlegung von poetischen und anderen Traditionen beruht, so läßt sich leicht verstehen, daß in einer anderen, spezifischen Perspektive die fragmentarischen Neubildungen anders eingeordnet wurden. Es stand einem frei, die Neuverwendung nicht als Reprise, sondern als eine Form von Nachahmung zu betrachten; mit der Imitation begab man sich in die Nähe des Plagiats. Nichts stammte vom Dichter, wenn auch alles von ihm war. Mit der Verkennung der eigentlichen Finalität des poetischen Projekts wurde die wahre Identität des Autors umgeworfen; die Auseinandersetzung und mit ihr die kritische Motivation blieben unberücksichtigt.

Die Aggression der Anschuldigung beruhte auf der Unkenntnis der deutlichen Inhalte. Die gängige Lektüre brachte die Sinnebenen wieder zueinander, weil sie den besonderen Vorgang der Vermittlung nicht in Rechnung zog. Man wußte nicht, worum es ging, und deswegen auch nicht, was wem gehörte. Die Dichtung war als solche in ihrer Eigennatur nicht entziffert; sie ist es auch heute noch nicht. Ohne Analyse der konstitutiven Elemente konnte die Differenz nicht erkannt werden. Die mit der Kunst eng verbundene intellektuelle Ausrichtung war fast zwangsweise außer acht gelassen, man konnte manchmal so tun, als ob sie gar nicht vorhanden wäre; die Reaktionen der Leser bestätigten es ja. Meinte man doch (wie etwa Gadamer[36]) schon zu wissen, was gemeint war, nämlich das Alte. War das einer kritischen Revision und auch der Parodie zur Verfügung gestellte breite Material nicht als solches wahrgenommen worden, so konnten sich die wenig vorbereiteten Leser und Rezensenten an die Anleihe halten und diese dem Verfasser zur Last legen. Vielleicht hätte die Goll-Affäre nicht ihr ungeheures Ausmaß erreicht, wenn dieser Zusammenhang mit der Frage nach dem schwierigen Verständnis der Texte nicht bestanden hätte. Da die Gedichte weithin als unverständlich galten, war Celan mit seiner ihm eigenen Fremdheit konfrontiert, an die er sich so verbittert klammerte. Sie wurde ihm nun zum Vorwurf gemacht. Er konnte auf sie nicht verzichten, wobei er in dieser Sache sich gerade auf seine Freunde berief, obwohl er den Kampf in seinem Namen führte. Er bestand auf einer unbedingten Solidarität und rechnete mit einer unbedingten Solidarität. Die als Nachahmung dargestellte Neuformung bildete das zentrale, wenn nicht das radikalste Element in der konstitutiven Dualität seines Schaffens; ohne sie hätte er nicht schreiben können. Was er selbst aus den Kulissen gehört und wieder aufgenommen hatte, um bekannte Anschauungen umzuwerfen und sich ihnen entgegenzustemmen, konnte nach der Wiederverwendung auch ihm, als ein ihm eigenes Gut, wieder entrissen werden. Er war dann der Beraubte.[37]

Die Literatur als solche hat auf ihrem höchsten Niveau diese vielschichtige Gestalt. Nun war er aber selbst als Dieb hingestellt worden. Vielleicht kann man die Verwundung,

---

36 Hans-Georg Gadamer: *Wer bin Ich und wer bist Du? Kommentar zu Celans ›Atemkristall‹*. Frankfurt am Main 1973.

37 Vgl. in *Hüttenfenster* (GW I, S. 278 f.): »– und sie, die ihn säten, sie/ schreiben ihn [den Schwarzhagel der Vernichtung] weg/ mit mimetischer Panzerfaustklaue! –«.

unter der er so stark litt, und die Infragestellung, von der er sich verfolgt wähnte, in ihrem wirklichen Ausmaß nicht ohne diesen Umweg über die mangelhafte Lektüre seiner Gedichte verstehen. Es ging um sein Selbst. Die Ablehnung ging Hand in Hand mit der Vorgabe der großen, unbestreitbaren Anerkennung. Sie stellte den entscheidenden negierenden Impuls seines dichterischen Vermögens in ein fatales Zwielicht.[38]

Nichts zwang Celan zu einer Reaktion. Die perfiden Unterstellungen ermöglichten es ihm aufzuzeigen, daß es keine denkbare Schlichtung des Konflikts gab. Eine Berichtigung, die den Inhalt berücksichtigte, konnte nicht von ihm ausgehen. Dank der Affäre konnte seine Stellung überhaupt öffentlich in ihrer Radikalität verteidigt werden. Es ging dann nicht bloß um die Anschuldigung. Es war so, als hätte er sich, während er an der *Niemandsrose* arbeitete, eines Mittels bedient, die Unangemessenheit der Aufnahme seines früheren Werks und insbesondere des Bandes

---

38 France-Lanord hebt die Wirkung der Affäre auf den psychischen Zustand des Dichters hervor, er hält sie für katastrophal (»er hat sich davon nicht mehr erholt«, S. 277). Aus dieser Sicht läßt sie sich als Perpetuierung der Ermordung seiner Eltern und der Judenverfolgung und somit der Hauptreferenz seiner Dichtung darstellen. So meint er auch, die Schaffenskraft sei gebrochen gewesen. Sie war es in Wirklichkeit später; zur Zeit seines Freitods war Celan erschöpft. Schließlich meint auch France-Lanord, daß, was man in den Gedichten nicht versteht, sich durch die Zerstörung seiner Gesundheit erklären lasse. Seine Schrift habe sich zurückgezogen und unter den Schutz der Unverständlichkeit gestellt. Ähnliche Rückschlüsse auf das Werk erscheinen immer als extrem unangemessen. Zum einen äußert sich seine geistige und physische Konstitution von Anfang an so, wie sie ist; sie bleibt frei, in derselben konstanten Form. Die Schwächen und Schwierigkeiten lassen sich nicht psychologisch oder biologisch von den erlittenen verlogenen Angriffen herleiten. Die Gedichte haben sie weitgehend zum Inhalt (vgl. dazu das Kapitel »Wahngänge« in meinem Buch *Paul Celan. Poetik der Fremdheit*, S. 137–166). Hinzu kommt, daß die Aufnahme des Werks und das Nichtwahrhabenwollen gewisser Erfahrungen eine entscheidende Rolle spielen, auch in der Reflexion Celans über die Form seiner Dichtung, die ihre oft nicht wahrgenommenen polemischen Züge betrifft.

Sprachgitter offenzulegen. Er könnte sich entschieden haben, die Rolle des gezeichneten Opfers mit der letzten Konsequenz und Vehemenz auf sich zu nehmen. Die Gründe fehlten nicht. Er hatte die Gelegenheit, in der Situation aufzutreten und zu protestieren. Man könnte von einer Übertragung sprechen; eine für ihn zutiefst unerträgliche, wohl unvermeidbare Erfahrung konnte öffentlich sichtbar gemacht werden.

Am Ende gab es nur Celan; er war der Jude, der einzige. Der Angriff war von einer Jüdin ausgegangen. Juden wie Adorno befanden sich unter den Leuten, denen er vor allem mißtraute; sie hatten eine ihnen gleichsam natürliche Tendenz, die Vergangenheit zu leugnen, um nicht sie selbst sein zu müssen. Claire Goll wurde somit repräsentativ, sie war eine Renegatin, wohl gar eine Antisemitin. Sie konnte nicht umhin, sich an der buchstäblichen Wahrheit seiner Dichtung zu vergreifen, sie bestritt deren eigentlichen Gegenstand, ihre Daseinsberechtigung.

Es scheint, daß die mit Bedacht juristische und kriminalistische Wendung »Fall Celan« auch vom Dichter selbst mit einer gewissen Betonung und nicht ohne Genugtuung festgehalten wurde.[39] Er wollte damit klarmachen, was alles inbegriffen war und wie weit man gegangen war. Es ging wirklich um die Integrität seiner Person. Die Ablehnung war viel radikaler, der Graben um vieles tiefer, als es schien.

Das Schlimmste mußten für ihn die Attacken aus dem Umkreis der Juden sein, weil sie sein Judentum betrafen.[40] Es fehlte den Leuten ein jüdisches Bewußtsein; sie fühlten

---

39 *Paul Celan – Die Goll-Affäre*, S. 437, Anm. 9.
40 Siehe den Brief Nr. 97 vom 23. 2. 1970 in Paul Celan, Ilana Shmueli: *Briefwechsel*. Frankfurt am Main 2004, S. 105.

sich nicht als Fremde wie er, als Juden in diesem Sinne. Sie setzten sich nicht ins Abseits wie er; von seiner Seite aus gesehen, sind sie ihm ausgewichen; er ist nicht ihr Vorstreiter noch ihr Anführer geworden. Sein Judentum bleibt individuell, freilich an seine Person gebunden; es hat kaum etwas mit der Religion zu tun, so wie man sie gewöhnlich versteht.

Die Konsequenz der kulturellen Verbundenheit

Die Tatsache, daß Celans Mutter nach dem ersten Weltkrieg ihrem Sohn diese Sprache und diese Poesie vermacht hat, kann in ihrer Bedeutung auch durch die zweite Tatsache der Ermordung der Eltern durch die Nazis nicht aufgehoben oder vermindert werden. Sie gehören eng zueinander. Das Schreckliche war auch das Falsche. Die Logik ist stringent. Die Verurteilung von Schuldigen erhält ihren Sinn erst dadurch, daß man annimmt, die Greueltaten seien ebenso oder gar vorrangig gegen die Ausführenden selbst gerichtet gewesen. Vor diesem Hintergrund einer antijüdischen Selbstzerfleischung der Deutschen wird jede Vergebung sinnlos. Auch der Jude kann nicht sagen, er sei nur das Opfer gewesen, es sei seine Sache nicht. Celan sieht es anders, er schreibt als ein Deutscher ein so deutsches, oder, wenn man will, so jüdisches Deutsch wie kein anderer. Das Unterfangen setzt die geistige Identität voraus. Der Einzelne spricht aus seiner selbstbedachten und geschaffenen Ferne, aus der Distanz. Er bestimmt einen Ort, den auch ein anderer, nämlich der implizit im dichtenden Selbst schon anvisierte Leser, unter denselben harten Auspizien einnehmen kann.

Von einem Kollektivgewissen oder einer Kollektivschuld, von Kollektivität überhaupt kann nicht die Rede sein. Auch der Leser, der auf die Sprache hört, hat sich als ein Subjekt zu konstituieren. Das Nichts bewahrt seine methodische Kraft in beiden Bereichen, in der Vergegenwärtigung der Katastrophe, der Anerkennung des Geschehenen, oder auch in der Wiedereinsetzung der verneinenden Potenz als solcher im Gedicht. Sie kommt einer permanenten – vorgängigen, nachgängigen – Verneinung der gewalttätigen Zerstörung gleich. Denn das Jüdische wird weder durch die Verbundenheit einer Gemeinschaft bestimmt noch durch die Solidarität der unmittelbar Betroffenen, so stark sie sein mag. Es wird unmittelbar auf das Ereignis bezogen und dieses wiederum von der Bekämpfung des schon früher in der Geschichte ebenso Verneinten hergeleitet. Der Antisemitismus, den Celan überall aufzuspüren vermochte, wird bei ihm zu einem deutschen oder, in kultureller Sicht, zu einem christlichen Selbsthaß, einer Selbstverleugnung. Ein Teil der Anziehung, die vom Werk ausgeht, läßt sich unter diesem Aspekt verstehen, auch wenn sie nicht oft in dieser Perspektive analysiert wird.[41]

---

41 Ein Artikel in der FAZ (29. 10. 2003, Geisteswissenschaften) über eine nicht gelungene Tagung der Viktor von Weizsäcker-Gesellschaft in Wittenberg, bei der hauptsächlich oder ausschließlich von Franz Rosenzweig die Rede war, hebt die Bedeutung der Zeitschrift *Kreatur* (1926–1930) hervor, um in der Form der Zusammenarbeit, die sich in ihr kundtut, gegen Scholem die deutsch-jüdische Symbiose verwirklicht zu sehen. Unter den Juden, die in der Zeitschrift schrieben, befinden sich neben Walter Benjamin etwa Martin Buber oder Leo Schestow, unter den Nichtjuden auch von Weizsäcker selbst, dessen Theorien und Naturanschauung mit der Verherrlichung des Irrationalen und des deutschen Antisemitismus zusammenhingen. Es müßte zuerst genau ausgemacht werden, worauf das gepriesene Gemeinsame und Nichtgemeinsame (Deutschjüdische) beruhten. Das bloße Zusammenfinden belegt im besten Fall die Anerkennung ähnlicher, nicht weiter definierter Werte.

Ein Menschentum: das Gedicht Mandorla

Das vom Emblem der Mandel her dem Judentum verpflichtete sakrale Oval in der Apsis einer romanischen Kirche ging seines Gottesbildes verlustig.[42] An Stelle des Heilands steht das Nichts als leere Form. Es ist kein Nichtsein, keine ontologische Bezugnahme. Das Nichts verleiht der Erfahrung der Vernichtung das Recht, auf die Gewalt zu verweisen, die die Freiheit stiftende Negation auszumerzen versuchte.

MANDORLA

In der Mandel – was steht in der Mandel?
Das Nichts.
Es steht das Nichts in der Mandel.
Da steht es und steht.

Im Nichts – wer steht da? Der König.
Da steht der König, der König.
Da steht er und steht.[43]

Der Widerstand gegen die politische und religiöse Unterdrückung überlebt. Die Verneinung wird zu einem Absolutum. Das Nein ist stärker. Der Unterdrückte geht noch im

---

42 Es könnte sich um das gewaltige Bild in der Kirche von Berzé-la-Ville in Burgund handeln. Celan hat Albrecht Schöne gegenüber eine Mandorla mit Christusbild »in einer kleinen burgundischen Kirche« erwähnt; siehe sein Buch *Literatur im audiovisuellen Medium. Sieben Fernsehdrehbücher*. München 1974, S. 154 f. Schöne hat das romanische Fresko in Berzé ausfindig gemacht (nicht das Kleid allerdings ist blau, sondern der Himmel um den Gott herum); Otto Pöggeler: *Spur des Worts*. Freiburg 1986, S. 402, Anm. 3, verweist auf diese Identifikation. Den Kommentatoren Olschner und Wiedemann gilt der Hinweis nicht als gesichert.

Untergang als eine Figur hervor, die ihn beherrscht. Er wird zum König, man darf vor der leeren Schale des Christusbildes im übertragenen Sinn hinzufügen: zum König der Juden, *rex judaeorum*. Das antitheologische Gegenwort definiert den Begriff und semantisiert ihn neu. Die Gestalt, die an die Stelle von Jesus tritt, leitet sich von keinerlei Spekulation her. Sie versteht sich als allerradikalste Entgegnung.

Die Frage betrifft den Gehalt in der Mandel; die Antwort vollzieht die Reduktion, so daß nichts als eine Positivität bestehen bleibt. In einer zweiten Phase fügt sich der vorausgesetzte Zustand zur Form und erweist sich als ihr einzig zuständiges Attribut, das sich dann in der dritten Phase in der Insistenz zu einem zeitlichen *Continuum* entwickelt (Strophe 1). In einem weiteren Schritt bildet nicht die Mandel, sondern schon das beinhaltete Nichts den Ausgangspunkt, so daß dieselbe sprachliche Figur noch einen ausgeprägteren Begriff erzeugt. Auch die Macht beruht auf der im Ablauf der Zeit eingelösten Erfahrung der Vernichtung. Das Continuum verdichtet sich zu einer Souveränität (Strophe 2).

Die Struktur der tautologischen Dreieinigkeit wird wieder aufgenommen, und diesmal wie ein Glaubensbekennt-

---

43 GW I, S. 244. Das Gedicht steht in der *Niemandsrose* gleich hinter *Einem, der vor der Tür steht*; es entstand am 23. 5. 1961 (Celan arbeitete noch an den letzten Versen des anderen Gedichts; siehe TCA: *Die Niemandsrose*, S. 64–67), ein Jahr nach den Notizen zum *Meridian*. Man muß sich die Lektüre vor Augen halten, dank deren man hier dazu gelangt, in der Mandorla (ein kunsthistorischer, kirchengeschichtlicher Ausdruck) ein »Aufbrechen […] antisemitischer Klischees (die mandeläugige und schwarzlockige Jüdin…)« zu finden, wie Wiedemann in ihrem abschließenden Essay der Dokumentation der Goll-Affäre (S. 854) es sich vorstellt. Wem gehört die Mandel?

nis rituell und liturgisch wiederholt. Die Aktualisierung vollzieht sich im Wort, in der sprachlichen Gestaltung. Die leere Form steht am Anfang, sie liegt der Verwandlung zugrunde; am Ende behauptet sich die unverwüstliche Macht der freien Verfügung aller vorhandenen und überlieferten Anschauungen; in der Mitte herrscht als pure Mediation das Nichts. Die Person des in der Sprache waltenden Subjekts, das Du der Celanschen Gedichte, als *alter ego* in der Kunst, tritt hinzu; es ist begleitet vom Auge, welches die Potenz verkörpert, dank deren die semantischen Verbindungen zustandekommen. Sie stellt sich in dem autarken Raum in der Sprache ein als eine der Sphäre des Worts eigentümliche Vision; sie nimmt die Stelle des neu analysierten Systems ein, das sich selbst schon aus der Negation der sinnlichen Wahrnehmung herleitet. Auf die Objektivierung der Repräsentation folgt die Applikation, die sich frei einzusetzen und zu entscheiden vermag. Das Gedicht ist prinzipiell polymorph, es ist jeweils etwas anderes, hier nun wird es zu einer Proklamation, ohne daß irgendwelche Macht angerufen würde. Es ist die freie Bekundung der ins Werk gesetzten Instanzen.

Judenlocke, wirst nicht grau.

Und dein Aug – wohin steht dein Auge?
Dein Aug steht der Mandel entgegen.
Dein Aug, dem Nichts stehts entgegen.
Es steht zum König.
So steht es und steht.

Menschenlocke, wirst nicht grau.
Leere Mandel, königsblau.

Es werden vielleicht nicht nur konkret die aus so vielen Abbildungen bekannten Locken der Kinder in den Judenschulen gemeint, die in den Pogromen verhöhnt wurden. Dahinter oder davor steht, abgeändert, der lockende und auch frohlockende Widerspruch und in diesem Gedicht wieder das Sichwidersetzen wie in andern. Das Farbwort »grau«, frei gebraucht, könnte vom Laut her assoziativ auf das Grauen und die Greueltaten verweisen.[44] In früheren Fassungen des Gedichts gehörten auch die Schläge und das vergossene Blut dazu: »Rote Judenlocke wirst nicht ...«

Die Variation in der Reprise: »Menschenlocke, wirst nicht ...« wird mit »blau« auf eine andere, im Werk neugeschaffene, unüberbietbare Farbbezeichnung zurückgeführt.[45] Die Mandel wird zum Emblem des Negierten: »Leere Mandel, königsblau«. Schon die Assoziation zeigt, daß es sich nicht um das Himmelsblau handelt, sondern um die irdische Farbe der befreienden Gegenstimme. Steht der Jude für ein Menschsein, so geschieht dies weder aufgrund seiner puren Existenz noch dank eines ausgezeichneten, gottgefügten Menschseins, noch aufgrund der erlittenen Qualen.[46] Das Wort »Jude« weist im Gegenteil auf die Vermenschlichung als eigentliche Verjudung. Die Offenheit,

---

44 Vgl. meine Interpretation des Gedichts *...auch keinerlei* in Jean Bollack: *Wie Celan Freud gelesen hat*, in *Psyche* 2005.

45 Siehe die Notiz in den Materialien zum *Meridian*, Nr. 162, S. 93, zu Trakls Gedichten: »bereits in der Wolle gefärbt, so oder so, es bleibt, blau oder braun, das Gedicht« (nach der Lektüre von Walter Killy: *Wandlungen des lyrischen Bildes*. Göttingen 1956, S. 102).

46 Leonard M. Olschner (in Lehmann und Ivanović, S. 178–182) bleibt der christlichen Deutung auch da noch verhaftet, wo er sie zu vermeiden glaubt. Er verkennt die kreative Funktion der engagierten Gottlosigkeit und weigert sich deswegen, die Machtstellung, die sich dem Anti-Credo und der Freiheit als Loslösung verdankt, richtig einzuschätzen.

MANDORLA

In der Mandel – was steht in der Mandel?
Das Nichts.
Es steht das Nichts in der Mandel.
Da steht es und steht.

Im Nichts – wer steht da? Der König.
Da steht der König, der König.
Da steht er und steht.

    Judenlocke, wirst nicht grau.

Und dein Aug – wohin steht dein Auge?
Dein Aug steht der Mandel entgegen.
Dein Aug, dem Nichts stehts entgegen.
Es steht zum König.
So steht es und steht.

    Menschenlocke, wirst nicht grau.
    Leere Mandel, königsblau.

die dieser zugrunde liegt, erschließt ein Ausgeliefertsein, das kein Anderssein ausschließt und sich so gegen jede Unterdrückung und überall gegen die bedrohenden Glaubensinhalte auflehnt, es bewahrt seinen subversiven Begleitton. In dieser Perspektive wird das Schmähwort der Nazizeit aufgrund einer Analyse der mit ihm ausgedrückten Verstoßung neu ausgelegt und geradezu befähigt, eine Daseinsform zu bezeichnen, jene »Gestalt«, in der der Mensch erst zum Menschen wird. Als heilig (Exodus 19,6) erweist sich das Volk der Juden erst im Kampf auf seiten der Menschen und gegen die Unterdrückung, wo sie sich vollziehen mag. Das Menschliche im Menschen macht auch den Juden zum Juden. Der Bedeutungswandel des Worts »Mensch« wird deutlich greifbar.[47] Auch die andern Sinnverschiebungen können herausgehört werden. Es ist nicht das, was man gewöhnlich unter »Jude« oder »Locke« oder »Mensch« versteht. Die lexikalische und syntaktische Sequenz wird erst verständlich, wenn man die vorgegebenen Erwartungshorizonte fern hält. Die semantische Festlegung ergibt sich aus der freien, berichtigenden Bemeisterung der sprachlichen Potenz.

Die Stellungnahme

Die in den Gedichten bei aller Partikularität sich immer wieder neu abzeichnende punktuelle Verabsolutierung der semantischen Konfiguration schafft Welten, in die man schwer hinein- und dann nicht wieder herauskommt. Das Buch wird zur Bibel und erfordert eine unendliche Exegese. Der relativierbare Gesichtspunkt braucht auch dort nicht aufgegeben zu werden, wo er in eine Objektivierung

---

47 Die obligate und unangemessene Verchristlichung der Lektüre tritt am Ende der Notizen von Olschner klar zutage: »Wo Juden und Menschen gleichgesetzt werden, wird das Leid der Juden stellvertretend für das Leid aller Menschen« (S. 181). Die Bedeutungen von »Nichts« und »entgegen« gehen völlig verloren und damit der Befreiungswille.

überführt wird. Der Vorgang vollzieht sich in der Reflexion, die sich beim Autor selbst, in der schon objektivierenden Betrachtung des Gegenstands findet. Celan hat sich selbst, in den Gedichten nicht weniger als in den Notizen, als Schreibenden in Szene gesetzt. Es ist stets noch einer da, neben den Worten, der die Selbstbegegnung durchschaut und überwacht und auch die Widersprüchlichkeit aufdeckt. Die Problematik des Sagens ist in den Schaffensprozeß integriert worden. Der Leser hat die Frage seinerseits zu stellen, gewiß von der Innenseite des Texts her, aber aufgrund einer ihm wiederum eigenen Erfahrung. Die Entzifferung legt einen Gesichtspunkt fest; er kann sich dem Gedicht nicht einfach hingeben. So geht es bei der Lektüre Celans am Ende darum, nach der philologisch-hermeneutischen Entzifferung den entsprechenden eigenen Standort nicht zu verlieren. Handelt es sich um eine Stellungnahme im Bereich einer intellektuellen Debatte, so wird auch nach vollzogener Lektüre der Standpunkt des Lesers miteinbezogen: es ist dann nicht eine durch sie neu freigesetzte kreative Kraft des Textes selbst als solche, wie man oft annimmt (bleibt doch die ursprüngliche Subjektivität getrennt erhalten), sondern, *post festum*, die in ihm enthaltene implizite Aufforderung, sich zu dem zuweilen aphoristisch und in einer kondensierten Form mitgeteilten Ausblick selbst in Beziehung zu setzen.

Über den Autor

Jean Bollack, geboren 1923 in Straßburg, entstammt einer traditionell jüdischen Familie. Der Vater, Getreidehändler, zog aus geschäftlichen Gründen nach Basel. Die Familie überlebte so die NS-Zeit in der Schweiz. Humanistisches Gymnasium und erste Studienjahre in Basel. Seit Kriegsende in Paris. 1955–1958 erster Aufenthalt in Deutschland, Forscher am CNRS in Paris und gleichzeitig Dozent an der neu gegründeten Freien Universität in Berlin. Von 1958 bis zur Emeritierung Lehrtätigkeit an der Universität Lille. 1967 Gründung des Centre de recherche philologique mit starker Betonung theoretischer Fragestellungen, wobei das Verständnis von Texten und die Gründe des Nichtverstehens im Vordergrund standen. Leitung einer Forschungsgruppe an der Pariser Maison des Sciences de l'Homme zur Sozialgeschichte der Philologie und den institutionellen Voraussetzungen der Interpretation. Die Schwerpunkte seiner Arbeit lagen zunächst im Bereich der Philosophiegeschichte und der Kosmologie, später zunehmend in der Literatur unter Einbeziehung der modernen Dichtung, insbesondere des Werkes von Paul Celan. Bei seiner Beschäftigung mit der griechischen Tragödie spielte neben der Philologie die Aktualisierung durch Übersetzungen für die Bühne eine entscheidende Rolle. Aufenthalte am Institute for Advanced Study (1971–1972) und am Wissenschaftskolleg zu Berlin (1982–1983) gaben, wie die vom CNRS gewährten Forschungsjahre zu Beginn und am Ende seiner akademischen Laufbahn, wichtige Anregungen zur Förderung seiner wissenschaftlichen Vorhaben und führten zu fruchtbaren persönlichen Begegnungen.

Auswahl der wichtigsten Bücher

Empédocle, Bd. I: *Introduction à l'ancienne physique*. Paris, Editions de Minuit, 1965; Bd. II–IV: *Les Origines. Edition, traduction et commentaire des fragments*. 1969. Neudruck in der Sammlung »Tel«, Paris, Gallimard, 1992 (in drei Bänden).

L'Œdipe roi de Sophocle. Le texte et ses interprétations, Bd. I: *Introduction, texte, traduction*; Bd. II–IV: *Commentaire*. Lille, Presses Universitaires du Septentrion, 1990.

Die deutsche Ausgabe *König Ödipus* enthält in Band I den griechischen Text und die Übersetzung der Tragödie, mit Auszügen des Kommentars (übersetzt von Renate Schlesier). In Band II Essays zum Mythos, zur Dichtung und zur Geschichte der Aufnahme des Werks (übersetzt von Beatrice Schulz). Frankfurt am Main, Insel Verlag, 1994.

Die Aufsätze zum *König Ödipus* sind auf französisch zugänglich in: *La Naissance d'Œdipe* (traduction et commentaires *d'Œdipe roi*). Paris, Gallimard, »Tel«, 1995. Parallel dazu: *La Mort d'Antigone. La tragédie de Créon*. Paris, Presses Universitaires de France, 1999.

Zu Paul Celan und dem Themenkreis dieses Bandes

Pierre de cœur. Un poème inédit de Paul Celan, »Le Périgord«. Périgueux, Fanlac, 1991. Deutsche Übersetzung von Werner Wögerbauer: *Herzstein. Über ein unveröffentlichtes Gedicht von Paul Celan.* München, Hanser, 1993. Eine erweiterte Fassung erschien in der spanischen Übersetzung von Arnau Pons: *Piedra de corazón. Un poema póstumo de Paul Celan.* Madrid, Arena, 2002.

Ein theoretisch fundierter Versuch zur Poetik Celans in *L'Ecrit. Une poétique dans l'œuvre de Celan,* mit ausführlichem Verzeichnis der Aufsätze Jean Bollacks zu Celan. Paris, Presses Universitaires de France, 2003. Deutsche Übersetzung von Werner Wögerbauer: *Paul Celan. Poetik der Fremdheit.* Wien, Zsolnay, 2000.

Poésie contre poésie. Celan et la littérature. Paris, Presses Universitaires de France, 2001. Deutsche Übersetzung von Werner Wögerbauer im Wallstein Verlag, Göttingen, 2006.

Zum deutschen Judentum in 19. Jahrhundert: *Jacob Bernays. Un homme entre deux mondes.* Lille, Presses Universitaires du Septentrion, 1998.

Zur kritischen Hermeneutik: *Sens contre sens. Comment lit-on? Entretiens avec Patrick Llored.* Genouilleux, La Passe du vent, 2000. Deutsche Übersetzung von Renate Schlesier: *Sinn wider Sinn. Wie liest man? Gespräche mit Patrick Llored.* Göttingen, Wallstein, 2003.

THEMEN – Eine Publikationsreihe der Carl Friedrich von Siemens Stiftung

In der Reihe *Themen* wird eine kleine Auswahl der im Wissenschaftlichen Programm der Carl Friedrich von Siemens Stiftung gehaltenen Vorträge in teilweise überarbeiteter und erweiterter Form veröffentlicht. Die Publikationen können von der Stiftung direkt bezogen werden. Vergriffene Bände sind mit dem Vermerk *vgr* gekennzeichnet.

1 Reinhard Raffalt: *Das Problem der Kontaktbildung in der zeitgenössischen Gesellschaft.* 1960. 2. Auflage 1970. 20 S. *vgr*
2 Kurd von Bülow: *Über den Ort des Menschen in der Geschichte der Erde.* 1961. 2. Auflage 1970. 32 S. *vgr*
3 Albert Maucher: *Über das Gespräch.* 1961. 2. Auflage 1970. 22 S. *vgr*
4 Felix Messerschmid: *Das Problem der Planung im Bereich der Bildung.* 1961. 2. Auflage 1970. 34 S.
5 Peter Dürrenmatt: *Das Verhältnis der Deutschen zur Wirklichkeit der Politik.* 1963. 2. Auflage 1970. 40 S. *vgr*
6 Fumio Hashimoto: *Die Bedeutung des Buddhismus für den modernen Menschen.* 1964. 2. Auflage 1970. 36 S. *vgr*
7 Clemens-August Andreae: *Leben wir in einer Überflußgesellschaft?* 1965. 2. Auflage 1970. 28 S. *vgr*
8 Rolf R. Bigler: *Möglichkeiten und Grenzen der Psychologischen Rüstung.* 1965. 2. Auflage 1970. 35 S.
9 Robert Sauer: *Leistungsfähigkeit von Automaten und Grenzen ihrer Leistungsfähigkeit.* 1965. 2. Auflage 1970. 32 S. *vgr*
10 Hubert Schrade: *Die Wirklichkeit des Bildes.* 1966. 66 S. *vgr*
11 Wilhelm Lehmann: *Das Drinnen im Draußen oder Verteidigung der Poesie.* 1968. 24 S. *vgr*
12 Richard Lange: *Die Krise des Strafrechts und seiner Wissenschaften.* 1969. 46 S. *vgr*
13 Hellmut Diwald: *Ernst Moritz Arndt – Das Entstehen des deutschen Nationalbewußtseins.* 1970. 46 S. *vgr*
14 *Zehn Jahre Carl Friedrich von Siemens Stiftung.* 1970. 54 S. *vgr*

15 Ferdinand Seibt: *Jan Hus. Das Konstanzer Gericht im Urteil der Geschichte.* 1973. 58 S. vgr

16 Heinrich Euler: *Napoleon III. Versuch einer Deutung.* 1973. 82 S. vgr

17 Günter Schmölders: *Carl Friedrich von Siemens. Vom Leitbild des großindustriellen Unternehmers.* 1973. 64 S. vgr

18 Ulrich Hommes: *Entfremdung und Versöhnung. Zur ideologischen Verführung des gegenwärtigen Bewußtseins.* 1973. 50 S. vgr

19 Dennis Gabor: *Holographie 1973.* 1974. 52 S.

20 Wilfried Guth: *Geldentwertung als Schicksal?* 1974. 44 S.

21 Hans-Joachim Queisser: *Festkörperforschung.* 1975. 2. Auflage 1976. 64 S. vgr

22 Ekkehard Hieronimus: *Der Traum von den Urkulturen.* 1975. 2. Auflage 1984. 54 S. vgr

23 Julien Freund: *Georges Sorel.* 1977. 76 S. vgr

24 Otto Kimminich: *Entwicklungstendenzen des gegenwärtigen Völkerrechts.* 1976. 2. Auflage 1977. 52 S.

25 Hans-Joachim Hoffmann-Nowotny: *Umwelt und Selbstverwirklichung als Ideologie.* 1977. 42 S. vgr

26 Franz C. Lipp: *Eine europäische Stammestracht im Industriezeitalter. Über das Vorder- und Hintergründige der bayerisch-österreichischen Trachten.* 1978. 43 S. vgr

27 Christian Meier: *Die Ohnmacht des allmächtigen Dictators Caesar.* 1978. 108 S. vgr

28 Stephan Waetzoldt und Alfred A. Schmid: *Echtheitsfetischismus? Zur Wahrhaftigkeit des Originalen.* 1979. 72 S. vgr

29 Max Imdahl: *Giotto. Zur Frage der ikonischen Sinnstruktur.* 1979. 60 S. vgr

30 Hans Frauenfelder: *Biomoleküle. Physik der Zukunft?* 1980. 2. Auflage 1984. 53 S. vgr

31 Günter Busch: *Claude Monet »Camille«. Die Dame im grünen Kleid.* 1981. 2. Auflage 1984. 50 S.

32 Helmut Quaritsch: *Einwanderungsland Bundesrepublik Deutschland? Aktuelle Reformfragen des Ausländerrechts.* 1981. 2. Auflage 1982. 92 S. vgr

33 Armand Borel: *Mathematik: Kunst und Wissenschaft.* 1982. 2. Auflage 1984. 58 S.

34 Thomas S. Kuhn: *Was sind wissenschaftliche Revolutionen?* 1982. 2. Auflage 1984. 62 S. vgr

35 Peter Claus Hartmann: *Karl VII.* 1982. 2. Auflage 1984. 60 S.

36 Frédéric Durand: *Nordistik. Einführung in die skandinavischen Studien.* 1983. 104 S.
37 Hans-Martin Gauger: *Der vollkommene Roman: »Madame Bovary«.* 1983. 2. Auflage 1986. 70 S. *vgr*
38 Werner Schmalenbach: *Das Museum zwischen Stillstand und Fortschritt.* 1983. 47 S.
39 Wolfram Eberhard: *Über das Denken und Fühlen der Chinesen.* 1984. 2. Auflage 1987. 48 S.
40 Walter Burkert: *Anthropologie des religiösen Opfers.* 1984. 2. Auflage 1987. 64 S.
41 Christopher Freeman: *Die Computerrevolution in den langen Zyklen der ökonomischen Entwicklung.* 1985. 57 S. *vgr*
42 Benno Hess und Peter Glotz: *Mensch und Tier. Grundfragen biologisch-medizinischer Forschung.* 1985. 60 S. *vgr*
43 Hans Elsässer: *Die neue Astronomie.* 1986. 64 S. *vgr*
44 Ernst Leisi: *Naturwissenschaft bei Shakespeare.* 1988. 124 S.
45 Dietrich Murswiek: *Das Staatsziel der Einheit Deutschlands nach 40 Jahren Grundgesetz.* 1989. 56 S. *vgr*
46 François Furet: *Zur Historiographie der Französischen Revolution heute.* 1989. 50 S. *vgr*
47 Ernst-Wolfgang Böckenförde: *Zur Lage der Grundrechtsdogmatik nach 40 Jahren Grundgesetz.* 1990. 86 S. *vgr*
48 Christopher Bruell: *Xenophons Politische Philosophie.* 1990. 2. Auflage 1994. 71 S.
49 Heinz-Otto Peitgen und Hartmut Jürgens: *Fraktale. Gezähmtes Chaos.* 1990. 70 S. *vgr*
50 Ernest L. Fortin: *Dantes »Göttliche Komödie« als Utopie.* 1991. 62 S.
51 Ernst Gottfried Mahrenholz: *Die Verfassung und das Volk.* 1992. 58 S. *vgr*
52 Jan Assmann: *Politische Theologie zwischen Ägypten und Israel.* 1992. 2. Auflage 1995. 122 S. *vgr*
53 Gerhard Kaiser: *Fitzcarraldo Faust. Werner Herzogs Film als postmoderne Variation eines Leitthemas der Moderne.* 1993. 74 S. *vgr*
54 Paul A. Cantor: *»Macbeth« und die Evangelisierung von Schottland.* 1993. 88 S.
55 Walter Burkert: *»Vergeltung« zwischen Ethologie und Ethik.* 1994. 48 S. *vgr*
56 Albrecht Schöne: *Fausts Himmelfahrt. Zur letzten Szene der Tragödie.* 1994. 40 S. *vgr*

57 Seth Benardete: *On Plato's »Symposium« – Über Platons »Symposion«*. 1994. 2. Auflage 1999. 106 S. mit einer Farbausschlagtafel.

58 Yosef Hayim Yerushalmi: *»Diener von Königen und nicht Diener von Dienern«. Einige Aspekte der politischen Geschichte der Juden.* 1995. 62 S. vgr

59 Stefan Hildebrandt: *Wahrheit und Wert mathematischer Erkenntnis.* 1995. 60 S.

60 Dieter Grimm: *Braucht Europa eine Verfassung?* 1995. 58 S.

61 Horst Bredekamp: *Repräsentation und Bildmagie der Renaissance als Formproblem.* 1995. 84 S.

62 Paul Kirchhof: *Die Verschiedenheit der Menschen und die Gleichheit vor dem Gesetz.* 1996. 80 S.

63 Ralph Lerner: *Maimonides' Vorbilder menschlicher Vollkommenheit.* 1996. 50 S.

64 Hasso Hofmann: *Bilder des Friedens oder Die vergessene Gerechtigkeit. Drei anschauliche Kapitel der Staatsphilosophie.* 1997. 98 S.

65 Ernst-Wolfgang Böckenförde: *Welchen Weg geht Europa?* 1997. 60 S.

66 Peter Gülke: *Im Zyklus eine Welt. Mozarts letzte Sinfonien.* 1997. 64 S.

67 David E. Wellbery: *Schopenhauers Bedeutung für die moderne Literatur.* 1998. 70 S.

68 Klaus Herding: *Freuds »Leonardo«. Eine Auseinandersetzung mit psychoanalytischen Theorien der Gegenwart.* 1998. 80 S.

69 Jürgen Ehlers: *Gravitationslinsen. Lichtablenkung in Schwerefeldern und ihre Anwendungen.* 1999. 58 S. mit 4 Farbtafeln.

70 Jürgen Osterhammel: *Sklaverei und die Zivilisation des Westens.* 2000. 74 S.

71 Lorraine Daston: *Eine kurze Geschichte der wissenschaftlichen Aufmerksamkeit.* 2001. 60 S.

72 John M. Coetzee: *The Humanities in Africa – Die Geisteswissenschaften in Afrika.* 2001. 98 S.

73 Georg Kleinschmidt: *Die plattentektonische Rolle der Antarktis.* 2001. 86 S. mit 20 Abbildungen, 16 Farbtafeln und einer Ausschlagtafel.

74 Ernst Osterkamp: *»Ihr wisst nicht wer ich bin« – Stefan Georges poetische Rollenspiele.* 2002. 60 S.

75 Peter von Matt: *Ästhetik der Hinterlist – Zu Theorie und Praxis der Intrige in der Literatur.* 2002. 62 S.

76 Seth Benardete: *Socrates and Plato. The Dialectics of Eros – Sokrates und Platon. Die Dialektik des Eros.* 2002. 98 S.

77 Robert Darnton: *Die Wissenschaft des Raubdrucks. Ein zentrales Element im Verlagswesen des 18. Jahrhunderts.* 2003. 82 S.
78 Michael Maar: *Sieben Arten, Nabokovs »Pnin« zu lesen.* 2003. 74 S.
79 Michael Theunissen: *Schicksal in Antike und Moderne.* 2004. 72 S.
80 Paul Zanker: *Die Apotheose der römischen Kaiser. Ritual und städtische Bühne.* 2004. 86 S.
81 Glen Dudbridge: *Die Weitergabe religiöser Traditionen in China.* 2004. 64 S. und 8 Farbtafeln.
82 Heinrich Meier: *»Les rêveries du Promeneur Solitaire«. Rousseau über das philosophische Leben.* 2005. 68 S.
83 Jean Bollack: *Paul Celan unter judaisierten Deutschen.* 2005. 70 S.

Außerhalb der Reihe ist erschienen:
1985 - 1995 Carl Friedrich von Siemens Stiftung – Zehnjahresbericht. 1996. 2. Auflage 1999. 144 S. mit 81 Abbildungen.

> *Notiz zur Zitierweise*
>
> **Jean Bollack:**
> Paul Celan unter judaisierten Deutschen
> München: Carl Friedrich von Siemens Stiftung, 2005
> (Reihe »Themen«, Bd. 83).

ISBN 3-938593-01-6

Carl Friedrich von Siemens Stiftung
Südliches Schloßrondell 23
D-80638 München

© 2005 Carl Friedrich von Siemens Stiftung, München
Layout und Herstellung Udo Wiedemann
Druck Mayr Miesbach, Druckerei und Verlag GmbH

Veröffentlichungen
der Carl Friedrich von Siemens Stiftung
Herausgegeben von Heinz Gumin und Heinrich Meier

Heinrich Meier, Gerhard Neumann (Hg.)
Über die Liebe
Ein Symposion
München, Piper, 2000. 2. Auflage 2001. Serie Piper 3233
352 Seiten mit 10 Abbildungen. € 9,90

Gerhard Neumann
Lektüren der Liebe

Helen Fisher
Lust, Anziehung und Verbundenheit
Biologie und Evolution der menschlichen Liebe

Karl-Heinz Kohl
Gelenkte Gefühle
Vorschriftsheirat, romantische Liebe und Determinanten der Partnerwahl

Jean Starobinski
Fêtes galantes
Geburt und Niedergang einer Utopie der Liebe

Seth Benardete
Sokrates und Platon
Die Dialektik des *Eros*

Walter Haug
Tristan und Lancelot
Das Experiment mit der personalen Liebe im 12./13. Jahrhundert

Kurt Flasch
Liebe im *Decameron* des Giovanni Boccaccio

Peter von Matt
Versuch, den Himmel auf Erden einzurichten
Der Absolutismus der Liebe in Goethes *Wahlverwandtschaften*

Ulrich Pothast
Liebe und Unverfügbarkeit

Heinrich Meier
Epilog: Über Liebe und Glück